# 华为经营法

## 任正非的企业经营哲学

戚风◎编著

古吴轩出版社
中国·苏州

**图书在版编目（CIP）数据**

华为经营法 ： 任正非的企业经营哲学 / 戚风编著
. -- 苏州 ： 古吴轩出版社, 2019.10
ISBN 978-7-5546-1421-1

Ⅰ. ①华… Ⅱ. ①戚… Ⅲ. ①通信企业－企业管理－经验－深圳 Ⅳ. ①F632.765.3

中国版本图书馆CIP数据核字（2019）第214165号

**责任编辑：** 蒋丽华
**见习编辑：** 闫毓燕
**策　　划：** 花　火　曾柯杰
**封面设计：** 尧丽设计

**书　　名：** 华为经营法：任正非的企业经营哲学
**编 著 者：** 戚　风
**出版发行：** 古吴轩出版社
地址：苏州市十梓街458号　　邮编：215006
Http：//www.guwuxuancbs.com　　E-mail：gwxcbs@126.com
电话：0512-65233679　　传真：0512-65220750
**出 版 人：** 钱经纬
**印　　刷：** 天宇万达印刷有限公司
**开　　本：** 670×950　1/16
**印　　张：** 14
**版　　次：** 2019年10月第1版　第1次印刷
**书　　号：** ISBN 978-7-5546-1421-1
**定　　价：** 49.80元

如有印装质量问题，请与印刷厂联系。0318-5302229

# 前言

PREFACE

华为是中国市场较大、科技实力较强、领导力和影响力最大的民营企业之一。自1987年创办以来，只用了短短30余年时间，就迅速成长为全球顶尖的通信科技公司。

然而，当人们的目光注视着华为时，会发现这家公司充满了神秘色彩。长期以来，华为很少在媒体上发布宣传广告，华为的领导人也很少在公众面前发表讲话，人们对华为的印象，大多停留在“这是一家手机厂商”的阶段，除了一些相关领域内的人士，很少有人知道华为人究竟说了什么。

这部《华为经营法：任正非的企业经营哲学》将刷新人们对华为的认识。本书对华为历年来的重要内部谈话进行了梳理，从中摘选出最具代表性的言论，结合华为的发展轨迹，对其进行深入解读，力图将华为的思想清晰、完整地展现在读者面前。

在梳理华为内部谈话时，作者发现随着公司规模和市场份额的不断扩张，华为人的思想也经历了一个明显的变化过程。本书在编写过程中，也遵循了这条逻辑线。全书共分为黎明时代、至暗时刻、开疆拓土、盛世危言、展望未来五个部分，分别对应了华为发展的五个阶段。

创业初期，华为人关心的是生存问题，如何在强敌环伺的险境下存活下去。苦难的岁月在任正非身上留下了深深的印记，也让华为人确立了艰苦奋斗的企业文化。沧海横流，方显英雄本色；唯有奋斗，才能屹立不倒。在华为的内部谈话中，我们总能发现奋斗精神的踪影。即便在今天，华为人也没有忘记艰苦奋斗的理念。

度过了最初的创业阶段，华为人迎来了宝贵的发展时期，然而在强敌林立的险境中，华为发展得并不顺利，甚至面临绝境。危急时刻，华为人再次拿出了艰苦卓绝的奋斗精神，最终将对手逐个超越。因此，我们会发现在涉及这段历史时，华为的内部谈话仍旧围绕着艰苦奋斗的主题。

在中国市场上站稳脚跟以后，华为开始向国际市场扩张。在客场作战，华为面对的是更加艰苦的环境。华为能够在激烈的市场竞争中取得胜利，关键在于两点，一是华为在发展技术上的不懈努力，二是华为对客户需求的把握。面对困难，华为人没有寻找捷径，而是回归商业的本质，用真诚的服务打动客户。

在国内市场和国际市场上，华为都取得了辉煌的胜利，然而华为人并没有迷失在欢呼声中，而是喊出了“不做昙花一现的英雄”的口号。作为华为的创始人，任正非很清楚，“失败这一天一定会到来，大家要准备迎接，这是我从不动摇的看法，这是历史规律”。他告诫众人：“十年来我天天思考的都是失败，对成功视而不见，也没有什么荣誉感、自豪感，而是危机感。也许是这样才存活了十年。我们大家要一起来想，怎样才能活下去，也许才能存活得久一些。”正是在这样清醒的反思下，华为迎来了轰轰烈烈的改革阶段。

经过管理上的改革，华为建立了一支现代化的“部队”，真正成为一家顶尖企业，华为的眼光也逐渐转向未来。如何抢占未来？答案只有一个——创新。华为高级副总裁陈黎芳说：“创新不是异想天开，是要实实在在地投钱，不断地研究，最后找到一条确定性的路，然后再进入开发阶段，这是我对创新的理解。”

本书全面梳理了华为的发展历程，对华为多次讲话的重点思想进行了总结，努力还原华为内部讲话的真实内容。希望读者读完本书之后，能够了解华为的思想和精神。若是能够对读者有所启发，这将是对我最大的鼓励。

# 目录
CONTENTS

## 第一篇　黎明时代，活下去才是硬道理

## 第五篇　展望未来，永远比对手领先半步

# 第一篇

## 黎明时代，活下去才是硬道理

1987 年，43 岁的任正非拿着东拼西凑来的 2.1 万元在深圳创立了一家小公司，成为一家生产用户交换机（PBX）的香港公司的销售代理，这就是华为最初的模样。历经磨难的任正非十分清楚，活下来才是硬道理，奋斗是唯一的出路。因此在历次讲话当中，任正非不厌其烦地讲述艰苦奋斗的精神，为的就是用苦难鞭策华为人，让他们牢记使命，奋勇向前。

# 第一章

# 艰苦奋斗是华为的传统

# 苦难中酝酿着大智慧

## 贫苦的少年时代

“伟大的背后都是苦难。”这是法国批判现实主义作家罗曼·罗兰的一句名言。

先贤孟子也曾在2000多年前说：“天将降大任于斯人也，必先苦其心志，劳其筋骨，饿其体肤，空乏其身，行拂乱其所为也，所以动心忍性，增益其所不能。”

如今的华为外表光鲜亮丽，可是人们不会忘记这一路走来华为人付出的努力，也不会忘记华为人承受过的苦难。

作为华为的创始人，任正非的前半生都与苦难密不可分。

1944年，任正非出生于贵州安顺的一个小村庄里。任正非的父亲任摩逊是一名乡村中学教师，母亲程远昭靠自学成为一名中学数学教师。任正非排行老大，此外家中还有六个孩子。

当时的贵州尤为贫困，少年时代留给任正非印象最深刻的就是无穷无尽的饥饿。父母虽然给了他们聪明的头脑，却无法给他们提供温饱的生活，七个子女的穿衣吃饭是一个艰巨的挑战。为了让子女们多吃一口，程远昭想尽了一切办法，上山采一些红刺果，把蕨菜根磨成浆，把橡子仁磨成粉。有时候采几颗蓖麻籽炒一下当花生吃。后来又在山上荒地种了一些南瓜，以及将美人蕉的根煮熟了吃……她默默地忍受着一切苦难，捡拾一切可以食用的东西，把野菜和树叶做成美食；她节衣缩食，甚至把自己的口粮拿出来，分给孩子们。很多时候，她招呼家人吃饭，自己却在收拾厨房，等家人吃完以后，她又忙着洗刷碗筷。

然而不管生活条件多么艰苦，也不管当时的环境多么恶劣，任父和任母都坚持让七个孩子读书上学，争取做社会的有用之才。任正非清晰地记得，每到缴纳学费时，母亲都要烦恼不已，常常四处借钱，才能把孩子们送进学校。因为对知识的重视和追求，即使在三年困难时期，任正非的父母仍然坚持让孩子读书。为了让七个孩子都有书读，他们宁可省吃俭用，即使几个人合用一床被子，在地炕里做三餐，也不觉得苦。

高中时期，任正非每天饥肠辘辘，无心读书，学习成绩一落千丈。他曾说，自己高中三年的最大理想就是能吃一个白面馒头。有一次，任正非饿得实在受不了了，就抓了一把米糠，和野菜拌在一起，烙成饼吃了下去。尽管瓦罐里还有粮食，任正非却从来不敢抓一把，因为那样“会有一两个弟妹活不到今天”。

临近高考时，母亲为了让任正非能够安心复习功课，经常在早上给他准备一个小小的玉米饼，在弟弟妹妹们看不见的时候，悄悄塞给他。很多年以后，当任正非再次回想起这段生活时，内心涌起无限的感慨，他说：“如果不是这样，也许我也创办不了华为这样的公司，社会上可能会多一名养猪能手，或街边多一名能工巧匠而已。这个小小的玉米饼，是从父母与弟妹的口中抠出来的，我无以报答他们。”

## 艰苦奋斗的青春年华

告别了懵懂无知的少年岁月，紧接是青年时代。任正非的青年时代过得并不平静，可以用艰苦奋斗来形容。他在学习中开阔了眼界，也在大学生涯中产生了前所未有的危机感。

1963年，19岁的任正非不负众望，考进重庆建筑工程学院（现已并入重庆大学），攻读暖通专业。当时的学校要求学生自己带被褥，这可难倒了任正非，因为家里非常贫穷，根本没有多余的被褥和衣服，一家人要挤在两三床被褥中，甚至在炎热的夏天，任正非仍然穿着冬天的厚衣服。后来母亲想了一个好主意，那时正赶上学生毕业，她就去捡了一些别人丢掉的破被单，带回来洗干净，缝成一床新被子，这才让任正非得以度过五年的大学生涯。有一次，母亲还给他做了两件新衬衣，他深知这来之不易，激动得热泪盈眶。

青春是人一生中最美好的阶段，这时的任正非和其他热血青年一样，怀抱着极大的热情投入学习之中。在学习专业知识的同时，任正非还刻苦阅读毛泽东著作，这对他后来的人生观和价值观产生了巨大的影响，这一点我们可以从他后来的言语和策略中发现。

那时的任正非恐怕无论如何也不会想到，未来的他会彻底摆脱这段艰苦的岁月，并且亲手建立一个国际顶尖的巨型企业。

**▶▶华为启示录▶**

如果要用一个字对过去几十年里的中国企业史做一个总结，“苦”是再适合不过的了。从改革开放初期的筚路蓝缕，到今天的GDP总量世界排名第二，中国只用了短短几十年时间，中国的企业人也为此付出了旁人难以想象的艰辛。

改革开放以后，在中国这块古老的大地上，陆续涌现出很多优秀的企业家，他们的身上具有鲜明的时代烙印，华为的创始人任正非就是其中一员。有人说，中国的第一代企业家们是在用农民的思维做企业。

艰苦岁月中的生活经历，让中国的第一代企业家们养成了独特的思维方式，他们或许对企业经营和产品制造一窍不通，但是他们非常明白一个道理：无论做人做事，都要脚踏实地，坚持不懈，努力奋斗。这是苦难给予的大智慧，也是中华民族在数千年历史发展中形成的民族精神。

## 把奋斗当作唯一的解药

### 军队生涯铸就不屈的意志力

长期以来，华为给人们留下的印象就是务实、勤奋，这是华为公司强大的原因。华为人这样调侃自己："在机场和车站，只需要互相打量一眼，就能知道对方是不是华为公司的，因为他们身上的装束、精神状态等，都有非常明显的印记。"

华为人身上的这种奋斗精神，是从华为创立之初就已经存在的。任正非白手起家，靠的就是艰苦奋斗的精神，之后一直延续下来，直到今天。

1967年，任正非大学毕业，准备进入社会大展身手。那时的中国实行的是包分配制度，大学生毕业以后，由国家统一分配工作。任正非在憧憬着未来，他很希望能够进入相关单位工作，以便尽快减轻父母的压力。然而现实并未如他想象的那般美好，分配工作的事情被不断拖延下去，直到第二年才有了一点儿眉目。更糟糕的是，任正非并没有等来他想要的工作，由于各种原因，他被告知只能当农民和工人，这就意味着他在大学里所学的知识将毫无用武之地。

长久思考之后，任正非决定暂时放弃分配，转而报名参军，那里拥有更广阔的天地。任正非凭借自己的专业优势，很快进入了基建工程兵部队。

在军队艰苦的工程岁月，给任正非上了人生的重要一课。多年以后，他在面对华为的员工时，总是会不自觉地把商业战争同军事战争联系在一起。在他的领导和指挥下，华为人凭借着顽强的意志力战胜了一个又一个对手。

当人们提及华为时，总是热衷于讨论华为的军事化管理，并且称任正非为“军人总裁”。应当说，这段生活经历对任正非产生了巨大的影响，它让任正非在纪律严明的部队里接受了严格的锻炼，并且将自己的才华发挥了出来。日后的华为精神，实际上就是中国老一辈无产阶级革命家的革命精神在新时代的延续。

从军16年后，任正非结束了自己的从军生涯，开启了人生的新篇章。

### 奋斗，人生再次起航

经历了磨难，中国人民的思想发生了转变，社会的主题已经不再是“战争和革命”，而变成了“和平与发展”，改革开放的理念深入人心，国家开始大力鼓励商业活动。任正非也在这种背景下，来到了当时改革的前沿阵地——深圳。当时的深圳还只是一个沿海的小镇，它就像一只沉睡的鲲鹏，等待着展翅高飞的时机。

1982年，任正非带着妻子孟军以及孩子们来到了深圳。离开了生活十几年的部队，进入一个完全陌生的领域，这对于任正非而言不是一件容易事。与部队里的纪律严明相比，商业市场上的氛围显得非常宽松，却也显得没有规矩，这让任正非很不习惯。

谁也不能否认，改革开放以后的中国市场上充满了各种各样的机遇，事实也证明了机遇的存在。从改革开放至今，不过短短的四十年，就出现了华为、阿里巴巴、腾讯、海尔、中国移动等巨型企业。然而，在这些光辉的成功者背后，是不计其数的失败者。

任正非转业之后，首先选择了深圳的南海石油（以下简称南油），这是当时深圳最好的企业，他的妻子孟军当时正在南油担任高管。然而，南油企业当时弥漫着的陈腐的官僚气息很快就让任正非坐不住了，他不想当一天和尚撞一天钟，而是想做出更大的成绩。于是，他频繁向上级领导请命，希望能够打理公司旗下的一家小企业，但是接连遭到拒绝。公司内部有人也在私下里讥讽他自不量力。

在南油的那段时间里，任正非仍然用旧有的思维做人做事，别人说什么，他就信什么，对商业上的陷阱毫无防备，这迟早会吃大亏的。有一次，任正非便为自己的轻率付出了代价。20世纪80年代末，他经手了一笔生意，由于缺少经验，加上轻信他人，导致200万元的贷款收不回来，而当时深圳的月平均工资还不到100元。

这件事发生以后，任正非没有任何机会可以继续留在南油了，很快他就被剔除出局。40多岁的任正非走在深圳的大街上，面对着车水马龙的街头和熙熙攘攘的人群，他心里感到无限的迷惘。

工作上遭遇挫折的同时，任正非的家庭也出现了危机。长期争吵的任正非和孟军，最终走向了离婚。接二连三的打击，几乎让任正非心灰意冷。然而理智告诉他，他绝对不能倒下去，他还有父母需要赡养，还有弟弟妹妹需要帮助，还有儿女需要安慰。军人出身的他，很快就重新振作起来。

**▶▶ 华为启示录 ▶**

任正非的前半生是非常不顺利的，历经裁军、失业、离婚的多重打击，如果没有坚强的意志力，恐怕他早就倒下去了，那样也就不会有后来的华为了。然而,苦难在摧折人生的同时，也向人们送去宝贵的礼物，这就是不懈奋斗的精神。

在华为，奋斗是人们耳熟能详的词语，任正非不止一次地向下属灌输奋斗精神。即便在华为已经发展壮大以后，他也还是不忘在大会上提起奋斗。任正非在2008年新年祝福词中说："任何员工，无论您来自哪个国家，无论新老，只要坚持奋斗，绩效贡献大于成本，我们都将视为宝贵财富，不断激励您成长。"

奋斗已经成为华为人的共识，被人称为"华为女皇"的孙亚芳在谈起奋斗时，表现得非常淡然："艰苦奋斗是我们这个民族一件很自然的事情，而且哪个民族不艰苦奋斗，这个国家就会慢慢走向没落。同时，艰苦奋斗是符合社会认同的价值观，是值得提倡的，我觉得不要把这个东西看得那么悲壮。""你们可以看到，近20年来在中国有多少干我们这个行业的公司一个个消亡了，全球有多少这个行业的佼佼者被兼并。从这点来看，不奋斗是没有出路的。"

奋斗已经刻进华为人的骨子里，因为这是唯一的生存法则。

## 华为的首要责任是活着

### 华为，在曲折中艰难成长

打开“华为”的百科词条，或许会让人产生一种一帆风顺的错觉，似乎华为在建立之后的十余年时间里一直是顺风顺水的：

1987年，创立于深圳，成为一家生产用户交换机（PBX）的香港公司的销售代理。

1989年，自主开发PBX。

1990年，开始自主研发面向酒店与小企业的PBX技术并进行商用。

1992年，研发并推出农村数字交换解决方案。

1994年，推出C&C08数字程控交换机。

1995年，销售额达15亿人民币，成立知识产权部、北京研发中心。

1996年，推出综合业务接入网和光网络SDH设备。

1997年，推出无线GSM解决方案。

然而只有亲身体验过的人才会知道，华为的成长过程有多么艰难曲折。

1987年，创立华为的任正非已过了不惑之年，此时的他对人生、事业有了更深的感悟。对于华为而言，这是一件值得庆幸的事情，这意味着华为这艘航船有了一名成熟的舵手，当它在国际市场上劈波斩浪时，可以比对手走得更远。

从南油离开以后，任正非失业在家，但是性格坚强的他并没有沉沦下去，而是积极寻找机会。很快，一个新的机会就出现在了面前。当时，任正非的一个朋友正在做程控交换机的生意，由于销路不畅，朋友便想到了曾在南油工作的任正非，二人一拍即合，很快达成协议，共同创业。

推销程控交换机的这个决定，让任正非正式踏足通信领域，成为建立华为的一个重要契机。

美国人在1965年就发明了程控电话交换机，这是人类在通信技术上的一个重大突破，它让电话的声音更清晰，费用更低，因此发明之后，很快就占据了世界各国的主流市场。当时中国还没有普及电话，更没有制造交换机的技术，一些具有远见卓识的人便选择代理交换机的生意，通过转手倒卖获取高额利润。也有一些人选择组装交换机，然后贴上自己的标签。

然而，这些始终不是长远之路，任正非的内心有着更大的规划，他要亲手打造一个商业帝国。1987年，任正非拿着筹集到的2.1万元人民币，与其他合伙人一起，在深圳的一间出租房内创办了一家公司。

“十几个人，七八条枪”，这就是华为最初的模样。谁也不会想到，眼前这个小小的公司，未来竟会变成一个庞然大物。

### 华为没有成功，只是在成长

华为成立时，国内的通信设备制造技术几乎是一片空白，国内的厂商在国外的通信巨头面前毫无招架之力，那时的中国市场形成了“七国八制”的场景：日本的NEC（日本电气股份有限公司）和富士通、美国朗讯、加拿大北电、瑞典爱立信、德国西门子、比利时贝尔和法国阿尔卡特八家公司共同瓜分了中国市场。这些老牌厂商凭借着技术上的优势，疯狂掠取利润。一台普通的交换机，欧美厂商的价格一般是每线300～400美元，日本厂商大约为180美元。

那时，中国本土的企业刚刚起步，没有自己的核心技术，硬实力不足，根本无法同国际巨头竞争，谁也不敢相信，中国企业能够造出自己的程控交换机。

华为进入市场之后，成为一家香港公司的销售代理，靠价格差获利。经过几年的发展，获得了第一桶金。但是任正非对此并不满足，他决定走自主研发的道路。

很多人不理解任正非的做法，因为在当时的背景下，即便是做代理，利润也相当可观了，自主研发则千难万难，弄不好还会把所有资本都赔进去。其实这正是任正非的本性决定的，他向来不甘心屈居人下，他要华为成为行业内的领导者。

从公司成立的第一天起，“居安思危”这四个字，就已经被任正非刻进华为的骨子里了。从此以后，华为的所有员工都受到这股精神的感染，从而拥有独特的气质，他们明明拿着高薪，却依然在不停地奋斗。华为不是一个养老院，而是一个修罗场，是一个供人才“战斗”的地方。

2019年，任正非在接受BBC采访时，回忆起了这段艰苦的岁月，他说：

“我们那时候走上市场以后，不知道市场是什么，也不知道应该怎么做事，实际上就是走到了一种完全不容易很能生存的时候。

“刚好我这个人又是一种比较激进的性格，我就走到深圳这个地方。深圳正是市场开放的前沿，市场化程度比中国其他任何地方都快。我一个完全是在军队里面工作、完全服从命令的人突然在市场经济来进行货物的交付运作时，我是非常不熟悉的，所以我也吃过亏、上过当、栽过跟头。但是这时我还得爬起来，因为还有老婆、孩子要生存，我要养活他们。所以，那时候想是不是可以创业做一个小公司。创业的资本大概2.1万人民币，相当于2000英镑。这2000英镑还不完全是我的，因为我的转业经费只有2000英镑的1/5左右，集资创立了华为公司。是时代把我们推到走向这条路。

“我们走向这条路是为了生存，并非为了理想，那时候还不具有理想，因为那时候生存条件也不具备。我当时的创业经费不够今天一个服务员半个月的工资，怎么能有理想？所以，那时我们第一个要素是‘生存’。”

即便到了今天，华为已经成长为国际领先的通信公司，但是华为人依然没有忘记这个理念。2019年3月3日，荣耀总裁赵明在接受媒体采访时，就曾明确表示：“企业最重要的责任就是活下去，活下去才有机会服务消费者，服务客户，活下去是最大的责任。你才可以对股东负责。如果说你对活下去这个事情都有疑问的话，这个事情是非常不合适的。”

**▶▶ 华为启示录 ▶**

二十世纪八九十年代的深圳，散发着无穷的活力。在这座经济飞速发展的城市里，无数人为了明天的美好生活选择了努力奋斗。他们都有梦想，都想用自己的双手改变世界。然而现实是残酷的，这座城市充满了机遇，却也充满了挑战和危险。很多企业获得了成功，然而更多的企业没能坚持下去。正如马云所说：“今天很残酷，明天更残酷，后天很美好，但是大多数人死在了明天晚上。”

在任正非等人的领导下，华为人表现得非常成熟，总是能够准确地认清现实，并且根据现实情况做出正确的决定。成熟的思维方式，让华为拥有了非同一般的耐力。一家企业能否有光明的未来，关键不在于规模有多大，也不在于盈利空间有多广，更不在于发展速度有多快，而是要看企业的耐力有多强。伟大的公司从来不是昙花一现，而是能够经受住时代的考验，最终存活下来。

华为人自始至终都保持着强烈的危机感，这是由任正非等人从华为创建之初就已经确立的精神。

# “床垫文化”——华为的精神象征

### “床垫文化”：要么奋斗，要么死亡

在华为内部，一谈到“床垫文化”，总是能够引起人们内心的触动。这是因为“床垫文化”是华为人早期的奋斗缩影，代表了华为人的处世哲学——要么奋斗，要么死亡。可以说，“床垫文化”就是华为不折不扣的精神象征。

华为刚刚创办时，条件十分艰苦，公司位于深圳南山区南油工业区里的一栋破旧大楼里。华为的办公室在五楼，从窗口向外望去，正好可以看见大楼后面的亿利达大厦。当时一家中意合资公司租下了整幢大楼。华为的老员工们非常羡慕这家大公司，觉得在那里上班很神气。十多年后，华为已经走向国外，而那栋大厦“还是那个样子，一点儿都没有变”。

对于员工来说，最大的问题就是食宿问题，华为的员工大多是外地人，他们就像当时无数个拥入深圳的外地人一样，在这片陌生的土地上几乎没有立锥之地，只能选择辛苦打拼。公司没有足够的资金准备职工宿舍，只好在仓库里划出了一片区域，用砖瓦垒起一道墙，再放上几张床，这就是员工的临时住所。

事实上，就连任正非本人，也不得不和家人一起，挤在一间小小的屋

子里。任父任母经常在菜市场收摊时去捡菜叶，或者买些死鱼、死虾来改善生活，因为死去的鱼虾总是更便宜一些。

虽然环境十分简陋，条件非常艰苦，可是这并没有阻挡华为人的热情，任正非和同事们在这个狭小、简陋的厂房中互相打气，准备大干一场。

华为的员工们常常需要加班加点，挑灯夜战，这样才能赶上工作进度。有的员工甚至连宿舍也不回，就在办公室里过夜。华为的“床垫文化”就是在这种情况下形成的。在华为早期，几乎每个开发人员都有一张备用的床垫，平时收起来，放在办公桌下面，或者放在柜子里。休息时，就把垫子拿出来，累了就睡觉，醒来之后又继续工作，成了完完全全的工作狂。一张床垫，几乎相当于华为人的半个家，陪伴着华为人走过了最初的艰苦岁月。

**唯有奋斗，方能走出自己的路**

任正非的一句话很多人都听过：“以客户为中心，以奋斗者为本，长期艰苦奋斗，这是我们二十多年悟出的道理，是华为文化的真实体现。”

华为靠代理起家，却从未甘心永远做代理。研发说起来简单，做起来可就没那么简单了，它需要的是坚持不懈的努力，以及孤注一掷的勇气。最初，当任正非提出想要自己研发做产品时，周围人都不同意，因为谁也不敢拍着胸脯说一定会成功。

在任正非的劝说下，华为成立了自己的研发部门。但是由于资金短缺，加上没有技术积累，华为人只能凭借自己的双手去克服一个个困难。凡是有优势的产品，他们都要把它们从市场上买回来，研究其中的原理，并且找出潜在的风险和缺陷。就这样，华为的研发团队很快就摸清了产品设计的门路，开始着手研发新的产品。

好在当时跟着任正非做研发的是一群斗志昂扬的年轻人，他们精力旺盛，不怕苦，不怕累，就怕不成功。任正非经常用讲故事的方式激励大家，也曾像马云那样为员工“画大饼”。

在今天的人们看来，“床垫文化”无疑是严苛的、不人性化的，华为为此也曾饱受批评。但是在当时的背景下，“床垫文化”确实帮助华为走出了困境，是一种特殊年代里的无奈选择。“床垫文化”是华为的精神象征，凭借这股精神，华为人只用了短短二十多年时间，就成长为行业内的巨头企业。

2005年，当任正非再次回想起“床垫文化”和当初的工作情景时，他感慨地说：“十八年来，公司高层管理团队夜以继日地工作，有许多高级干部几乎没有什么节假日，手机24小时不能关机，随时随地都在处理随时发生的问题。现在，更因为全球化后的时差问题，总是夜里开会。我们没有国际大公司积累了几十年的市场地位、人脉和品牌，没有什么可以依赖，只有比别人更多一点奋斗，只有在别人喝咖啡和休闲的时间努力工作，只有更虔诚对待客户，否则我们怎么能拿到订单呢？”

**▶▶华为启示录▶**

中国有句老话：“英雄起于草莽，谋士出于江湖。”华为就是这样一个从草莽中挺身而出的英雄。改革开放以来，中国民营企业中出现了很多像华为这样的英雄。他们之所以伟大，并非由于赚取了大量利润，更重要的是在中国技术落后于西方时，他们不惧挑战、不畏技术封锁，深入研究技术，他们是中华民族实现伟大复兴的重要参与者。

在老一辈企业家看来，艰苦奋斗就是唯一的出路。任正非曾经向员工推荐一篇文章：《不眠的硅谷》。说起硅谷，人们想到的是创新，是高科技的工作与惬意的生活。然而在这篇文章中，作者讲述了硅谷人的另一种生活方式：奋斗与坚持。文中描述了一位“硅谷人”安德烈·拉莫斯的个人生活经历，他每天都要非常辛苦地工作，对他而言，充足的睡眠是一种奢侈，“睡得太久，就会有人抢先得到专利、升职、项目资金或市场份额”，正是这个原因，驱使着他彻夜工作。

相比之下，早期的华为面临的困难更多，华为人能做的，只有加倍努力奋斗。华为相信奋斗，也要求员工必须奋斗，华为的价值观是“如果你全身心投入到公司，公司是不会亏待你的”。

# 第二章

## 顺势而为，华为要走自己的路

## 不忘初心，方能走得长远

### 不破不立，华为是时代的“搅局者”

华为的成长之路，可以用一句“创业艰难百战多”来形容。早期的华为没有雄厚的资本，创业很不容易，也没有技术积累，创新更是难上加难。然而华为没有在市场的大浪潮中倒下，反而越战越勇，最后终于在市场上站稳了脚跟。华为创立之初，任正非就与合伙人商议，一定要走独立自主的道路，不能在技术上受制于人，为此他们决定把每年销售收入的10%投入到研发中，顶着负债和破产的压力，也要做出华为自己的产品。

华为的第一款产品是24口的用户交换机BH01，实际上这只是华为从市场上买零件组装的产品，属于低端机，和市场上的其他产品没有太大的差别。令人意想不到的是，这款产品居然卖得很好，这也反映了当时的国内市场是多么原始，只要有人做产品，就不愁卖不出去。

当整个公司都在欢庆胜利时，任正非却从中看到了隐患，他明白眼前这种情景不可能一直持续下去，华为之所以取得了当前的成果，完全是因为国内市场不成熟，当市场持续放开、扩大时，会有更多的人来分一杯羹。他明白，华为必须在短时间内突破自主研发，否则迟早要走上穷途末路。

1990年，华为开始真正进行自主研发，做出了有自主知识产权的电路和软件设计，型号命名为BH03。BH03是一款完全由华为自己研发的产品，从电路板的设计到话务台软件的开发，都是由华为人亲自操刀的。1991年12月，BH03进行了各项测试，结果显示效果很好，电话打出接入畅通、音质良好，并通过了邮电部的验收，远超第一代产品BH01，不久便取得了正式的入网许可证，并且顺利出货。当首批交换机发货出厂时，华为收到的预付款已经全部用完，账上资金几近于零，已经到了破产的边缘。

BH01和BH03的出现，在市场上掀起了一阵不小的风浪。在此之前，一提起交换机，人们想到的都是外资产品，从来没有人敢相信中国人也可以做出交换机。国外的交换机在中国市场上饱受赞誉，但是价格过于昂贵，1000美元的售价让当时的中国人难以负担。国产交换机的出现，搅乱了原本如死水般平静的市场，使得通信领域朝着新的方向发展。

在1991年的最后一个夜晚，任正非将华为全体员工召集起来，在公司开了一个简单的庆功会，庆祝第一个有华为知识产权和品牌的产品出厂。这次破釜沉舟、背水一战的胜利，成为华为创业崛起之路上关键的一步。

### 面对诱惑，华为坚守初心

就在华为人沉浸在胜利的喜悦中时，一股更大的风暴到来了。1992年，邓小平南方谈话让人们感到振奋。很快人们就将热情全部放在经济建设上。然而，在具体的经营策略上，很多人犯了急功好利的错误。海南、北海、惠州等地开始了房地产投资的狂潮，到处都在开工盖房子，人人都在拿房子进行炒作，玩击鼓传花的游戏。

事实证明，在经济的大浪潮中，随波逐流是一件充满风险的事情。面对诱惑，很少有人能够保持冷静，甚至连一贯冷静的柳传志也忍不住了，他在惠州投资地产，最终以失败告终。柳传志后来回忆起这件事情，无奈地说："如果让我再选择一次，我很可能还会这样做。"

正当所有人为资本的游戏而疯狂时，华为公司却表现得相当平静，正如他们在之后数次投机浪潮中所表现出来的平静一样。华为没有被诱人的利益所动，而是始终专注于开发技术，在研发之路上艰难前行。

任正非此时关注的并不是能从楼市、股市中捞多少利益，而是另外一个问题：BH03的功能还很单一，使用效果还不明显，除了压低价格以外，华为还能做些什么？从最终的市场反馈来看，BH03完全是一款优秀的产品，它让华为赢得了消费者的广泛赞誉。

在任正非的倡议下，华为公司决定推出更多的产品。由于技术力量的限制，任正非邀请华中科技大学、清华大学等高校的老师和学生前来参观、访问，寻求技术合作的可能性。也正是在这段时间，华为迎来了两位重要的人才：郭平、郑宝用。郭平和郑宝用的加入，一下子提高了华为的技术水平，两人成为华为新一代产品HJD48的软硬件开发主力。该产品投入市场后，质优价廉，受到很多用户的好评。

随着HJD48项目的开发成功，华为的产品大量进入市场，取得了前所未有的成绩。仅HJD48一个项目，在1992年就给华为带来了1亿元人民币的总产值。借此机会，华为正式从交换机代理商转变为生产商。

**▶▶华为启示录▶**

很多人或许会认为，华为是一家非常现实的企业，只看重眼前的利益，甚至连任正非也说："我没有思考什么远大的理想，我正在思考的不过是未来两年我要做什么，怎么做。"

只要对华为稍有了解，我们就会明白华为是一家理想型的企业。自从华为成立以来，任正非就把华为定义为“一家科技公司”，多年以来，华为始终坚持创新和研发，每年在研发中投入巨额资金，却不肯涉足类似于房地产投资这样的火热行业，甚至连上市融资也不做，一心沉浸在技术研发上。

功夫不负有心人，多年的坚守，让华为看到了曙光，如今的华为早已不再是当初那个在深圳的破旧大楼中苦苦求生的小公司了，而是世界通信技术领域的领先者，它用产品和服务征服了消费者。

## 走“农村包围城市”的道路

### 从低处做起，野百合也有春天

如何与国际巨头竞争？这个难题是中国大多数企业需要面对的。改革开放提供了开放、自由的市场，却也引来了强劲的对手，想长远发展，必须要直面这个问题。

无论是技术还是资金，华为都无法在短时间内击败对手。认清了现实之后，华为选择暂避锋芒，埋头在二线城市和广大的农村市场耕耘。“农村包围城市”，这就是华为的策略。

在二十世纪八九十年代，装配电话的费用非常高，仅初装费就高达5000元，人们很难负担得起如此高昂的价格，更别提广大的贫困农村地区了。因此跨国巨头们对中国农村市场不感兴趣，他们把眼光集中在大城市里。这就给华为提供了大展拳脚的机会，华为很快就抢占了大片农村市场，并且积累了大量的资本。随着研发实力的提升，华为在技术和资本上都有了足够的积累，开拓城市市场已经是水到渠成了。

任正非建议，优先与地方上的邮电支局合作，让华为生产与电信局的建设接轨，形成紧密的合作关系。这个建议很快得到了众人的赞同。

1993年，江西某地的邮电支局向华为伸出橄榄枝，成为华为在地方上的第一个突破。有了第一次成功的经验，华为接下来的道路越走越顺畅。很快，更多的邮电局开始购买华为的产品，并且让华为提供一系列售后服务。就这样，华为顺利进入了各省的城市里。

值得一提的是，在华为进入四川市场之前，上海贝尔已经先人一步，在四川占据了将近90%的市场份额，华为几乎不可能赢得这场战争。但是华为并没有打退堂鼓，而是制订了极其周密的计划。华为以极其低调的姿态进入四川农村，先以免费的方式为客户布设接入网，再售卖交换机，这一招令上海贝尔防不胜防，最终被华为的低价策略击败。

在攻取国外市场时，华为同样采用了这样的策略，先占领通信产业较为落后的国家和地区，积累了足够的实力之后，再向欧美市场发起总攻。很多别人不敢去、不愿去的地方，都有华为人的身影，华为人凭借自己过硬的实力和不懈的努力，最终赢得了用户的认可。

### 积极变阵，迎合市场需求

华为最初打进农村市场，凭借的是局用交换机，但是这种大型交换机使用起来很不方便，造价也很高，比不上数字交换机。但是当时的华为人还没有意识到这个问题，他们仍然在延续以往的策略。

很快，有人嗅到了一丝危险的气息。有的客户开始对华为的产品表现出了挑剔和不满，他们抱怨华为的产品价格太高，功能却很一般。这在以往是很难想象的，华为人仍旧沉浸在过去的胜利中，过往的经验已经不足以解释这种现象了。

经过仔细分析，任正非发现，中国的固定电话普及率在急速提高。1990年，中国的固定电话普及率只有1.1%，但是到了2000年，这一数据已经高达50%。10年增长近50倍，这种速度超出了所有厂商的预估，也让华为一时间不知所措。

任正非清楚地意识到，华为的又一次生死存亡的时刻到来了。华为必须做出改变，否则连农村市场也会失去。

于是，华为一方面积极研制新产品，一方面继续大力宣传JK1000。但是事情的发展并不像任正非想象的那般顺利，在反复测试下，华为的产品出现了很多问题，甚至将机房烧着了，严重影响了华为的形象。

华为迅速挑选了几名技术骨干，组成维修团队，前往各地进行调试和维修。经过半年时间，才将问题一一解决。

**▶▶ 华为启示录 ▶**

在拓展市场方面，华为和许多高科技公司选择了截然不同的道路。许多欧美的高科技公司习惯于先占领发达国家市场，再向发展中国家销售廉价产品，希望能够扩大低端市场。对他们来说，高端市场是需要精心维护的基本盘，而低端市场的重要性小得多。但是华为的道路恰恰相反，华为先从农村地区入手，积累了资金和技术之后，再向高端市场发起冲击。对于华为而言，农村市场才是它的基本盘，而高端市场则是它的最终目标，二者缺一不可。

华为的这种“农村包围城市”的策略，来自以毛泽东为代表的中国共产党人在革命中摸索出来的一条具有中国特色的发展道路。它包含了保存有生力量、以面制点、战略转移和地缘经济等意义。事实证明，这种方法是行之有效的，对今天的经济建设、经营管理等都有一定的指导意义。

# 虚拟受限股——同甘共苦的印记

### 虚拟受限股是无奈的选择

虚拟受限股是华为的基本制度之一，它是华为工会授予员工的一种特殊股票，而不是真实的股份。虚拟受限股，员工可以参与公司的分红，但是没有所有权、表决权，不能转让、出售、继承，本质是净利润的分配权。

华为虚拟受限股在1990年正式推出，当时中国的通信行业刚刚起步，前景还很不明朗，固定电话的普及率仅为1.1%，在世界排名第113位，而当时美国的电话普及率已经达到92%。没有人能够对未来的发展做出准确的预估，华为最初的目标也只是在十年之内将这一数字提高到5%～6%。和现实相比，可以说华为的决策是非常保守了。这也是无奈的选择，自从华为创立以来，资金不足的问题就像是悬挂在华为头上的一把达摩克利斯之剑，始终影响着华为的发展。

当时的华为还是一家小型民营企业，很难从银行获得贷款，因此严重缺乏运作资金。困难时期，华为甚至推出了一项内部政策——谁能给公司借来1000万元，就可以一年不上班，而工资照发。然而即便是这样，华为也没能获得足够的资金。

有段时间，公司发不出工资，任正非只好给员工打欠条，后来他又想出了一个办法——把拖欠员工的工资折算成股份，约定将来员工可以凭借虚拟股份参与公司分红。

华为的成长之路充满了艰难和困阻，有一次任正非对研发人员说："研发成功，我们都有发展；如果研发失败，我只有从楼上跳出去。"在这种形势下诞生的虚拟受限股，成为华为的一大特色，也是华为被逼无奈的选择。

推出虚拟受限股之后，华为来了个华丽的转身，不仅平稳渡过难关，还迅速跻身于通信行业的上游。虚拟受限股制度帮助华为从最初的绝境中走了出来，它是华为人同甘共苦的见证。现在华为早已不必为资金问题而过度担忧，但是全员持股的传统一直延续了下来。

后来，任正非在回忆起这些情景时，不禁慨叹："我创建了华为公司，当时在中国叫个体户，这么一个弱小的个体户，想组织起千军万马，是有些狂妄，不合时宜，是有些想吃天鹅肉的梦幻。

"我创建公司时设计了员工持股制度，通过利益分享，团结起员工，那时我还不懂期权制度，更不知道西方在这方面很发达，有多种形式的激励机制。仅凭自己过去的人生挫折，感悟到与员工分担责任，分享利益。创立之初我与我父亲相商过这种做法，结果得到他的大力支持，他在二十世纪三十年代学过经济学。

"这种无意中插的花，竟然今天开放到如此鲜艳，成就华为的大事业。在华为成立之初，我是听任各地'游击队长'们自由发挥的。其实，我也领导不了他们。"

### 虚拟受限股有利也有弊

虚拟受限股自推出以来，人们对其褒贬参半。虚拟受限股让员工有了分红的机会，但是高报酬必然有高风险，员工要承担资本投资和劳动力投入的双重风险，公司也要承担较高的金融成本和融资风险。

虚拟受限股最初只是一个应急办法，并不是一套成熟的制度，后来在长期的经营中不断改进，逐渐形成了现在的样子。

虚拟受限股的好处十分明显，员工可以通过全员持股获得分红，提高自己的收入，而公司也可以借此机会获得充裕的资金，为将来的发展提供保障。而且华为员工只有分红权，没有所有权、表决权，也不能转让和出售。在员工离开企业时，股票只能由华为控股工会回购。它属于分享制，而不是真正的股份制，实体股东仍然只有任正非一人，其他员工整体以社团法人（工会）存在。这样一来，就降低了企业经营的风险，不至于造成管理上的混乱。

虚拟受限股的弊端也是显而易见的，首先是不透明。华为的总股份至今仍未对外公开，这会对华为的海外扩张造成不良影响。另外，虚拟股会使员工过于关注分红，影响工作的积极性，一些员工凭借进入时间早的优势坐享其成，这对后来的员工是很不公平的。

总的来说，虚拟受限股有利也有弊。当华为处于上升势头时，虚拟受限股的弊端可以被高额的分红和奖金掩盖掉；但是当华为走下坡路时，虚拟受限股的缺点就会被放大，那时它能否安然度过危机，还是一个未知数。

对虚拟受限股的风险和弊端，任正非也十分清楚，他很明确地告诉人们："任何投资都是有风险的，我们是把风险捆在员工奋斗上的，员工对自己的奋斗有信心，就自愿购买，也可以不买。如果你担心，现在公司处在平静的发展时期，任何人都可以自愿全部退出虚拟受限股计划，但退出后就不能再逆向购买回去。”

**▶▶华为启示录▶**

员工持股现在已经成了企业经营和管理的一股潮流，也是国家允许的，2013年中共十八届三中全会《决定》提出，允许混合所有制经济实行企业员工持股，形成资本所有者和劳动者利益共同体。但是在20多年前，华为最初决定走这条路时，股权激励还是一件稀罕事。20多年来，华为的每一次股权激励改革，其背后都是重重危机，可以说华为的股权激励是在“摸着石头过河”。

1990年，华为第一次决定员工持股，大家的心里都没有底，只能试探着前进；2001年，互联网泡沫破灭以后，华为迎来了冬天，不得已对虚拟受限股进行改革；2003年，参与持股的人数越来越多，冲淡了股权激励的优势，华为决定配股向核心层倾斜；2008年全球经济危机时，华为又推出大力度的饱和配股。

员工持股能够在一定程度上提升员工的积极性，让员工真正把公司当成家，但是它不是万能的，股权分配不合理也会导致员工心理不平衡，从而导致工作积极性不高。因此，企业应当构建科学、合理的薪酬制度，既让员工获得丰厚的收入，又体现出员工的个人价值，这样才能增加员工的归属感。

# 第三章

## 三分天下，终有华为一份

## 华为的崛起之梦

### 三分天下，华为将占一份

在外人看来，华为创始人任正非是个低调做事、不爱出风头的人，他甚至推辞了“改革开放杰出100人”的荣誉称号。面对记者的疑问，他只是说“想集中精力搞搞华为”。然而，熟悉他的人都知道，任正非是个非常有雄心壮志的人，他非常擅长激发员工的激情，经常给员工讲故事，谈未来。

华为诞生后不久，任正非就提出了自己的梦想：做一个世界级的、领先的电信设备提供商。他逢人就讲：“人们说十八世纪是法国的世纪，二十世纪是美国的世纪，二十一世纪是亚洲的世纪。这不正是一线曙光？”

1994年的华为，虽然小有所成，但是仍然处在通信市场的中下层，谈起高端产品，人们想到的只有爱立信、北电、诺基亚、西门子等，很少有人听过华为。

也正是在1994年，向来以低调示人的任正非，发出了令人震撼的十年狂想：“十年之后，世界通信行业三分天下，华为将占一份。”

后来的历史发展，实现了任正非的愿景。十年后，当华为与中国电信签署合同，成为中国电信最大的战略伙伴，并且在巴黎设置欧洲地区部的中心时，华为已经在世界通信巨头中站稳了脚跟。又过了一年，华为成为英国电信的21世纪网络供应商，仅海外收入就达到200多亿美元。

然而在当时看来，任正非的愿景，更像是一场不切实际的春秋大梦。到底是什么给了任正非这样的自信与魄力呢?

## C&C08带来成功的曙光

话题还是要回到交换机，正是在交换机上取得的成果，给了任正非成功的希望。

JK1000的研制，让华为体验了一次什么叫“喜忧参半”。一方面，华为人凭借自己的努力，成功制作了JK1000，积累了宝贵的经验和服务口碑，为在下一步开发局用数字程控交换机打下了坚实的技术基础。另一方面，JK1000在市场上的失败，也让华为认清了现实：市场自有规律，要做符合市场需求的产品，而不能按照自己的意愿做产品。

1992年，数字交换机的技术已经成熟，华为的财务状况也很不错。那一年，南方的房地产市场如火如荼，任正非也非常清楚，房价一定会上涨，但是他同时也明白，制造业是一个国家的立国之本，永远不会落伍，华为必须坚守自己的岗位，做好自己的事情。

在JK1000前途未卜的情况下，华为公司仍然将大部分资金和公司最优秀的人才全力投入到新产品的研发中。这是华为在生死关头的奋力一搏，如果失败了，恐怕任正非真的要实现自己说过的话，从窗口跳下去。

华为的新产品被命名为C&C08，是一款2000门数字程控交换机。研发的重任落到了总工程师郑宝用和项目经理毛生江身上，他们是任正非的心腹，任正非对他们予以厚望。

华为当时的研发水平还不高，一些现在看来十分简单的问题，在当时往往需要几天时间才能完成。为了保证研发的效率，华为从各地大规模招兵买马，其中大多数是刚刚毕业的年轻人，只有个别人是来自通信科研机构和邮电学院的老手。不过，这些年轻人干劲十足，领悟能力很强，很快就掌握了通信技术的基本原理。

万幸，C&C08最终研制成功。还没等测试全部完成，项目组成员就迫不及待地将产品运到浙江义乌了。义乌方面给予这款交换机很高的评价，因为它不仅技术水平很高，还实现了本土化定制，满足了电信局在某些方面的特殊要求，例如话务统计、终端操作、计费等，使得操作更方便。

C&C08 2000门交换机在义乌的成功，让华为公司的所有员工都感到兴奋，就连平日里一直紧绷着脸的任正非也露出了笑容，但是他在庆祝成功的同时，还是没有忘记提醒员工："交换机的优化工作要持续8年，要不断地接收用户的反馈信息，不断地改进我们的交换机，使它长期居于最先进交换设备的行列。"

**▶▶华为启示录▶**

军人出身的任正非拥有非比寻常的意志力，他敢打苦仗，敢打硬仗，又有十分长远的目光，在1997年的文章《华为的红旗还能打多久》中，他写道："十年之内，通信产业及网络技术一定会有一场革命，这已为华为的高层领导认识，在这场革命到来的时候，华为抓不住牛的缰绳，也要抓住牛的尾巴。只有这样才能成为国际大公司。这场革命已经'山雨欲来风满楼'了。只有在革命中，才会出现新的机遇。"

任正非一边高喊"活下去"，一边却又在给员工谈愿景，这似乎是一件自相矛盾的事情。其实，这很好理解。华为只有好好活下去，才有机会实现曾经的梦想。

华为成立至今，已经是一家拥有32年历史的企业了，对于中国民营企业来说，已经可以算是一家老牌企业了。在改革开放的大潮中，曾经出现无数家优秀的中国民营企业，有些甚至成为MBA的教学案例，但是仅仅32年时间，大部分都倒下了。在这32年间，任正非见证了太多企业的衰亡，从“枪林弹雨”中走出的他，更能体会实现梦想是一件多么困难的事情。生存不易，华为只有活着，才能实现梦想。

## 三足鼎立，华为要占其一

### 从群雄并起到一枝独秀

20世纪90年代，伴随着中国经济的快速崛起，中国的通信行业也迎来了高速发展期。政府引入了竞争机制，将原来的中国电信一分为四，成为移动、电信、网通、联通四个运营商。高速的发展和激烈的竞争，使得中国的固话普及率急速提升，固话初装费从原来的5000元逐渐变为免费，固定电话的用户数也在成倍提升。

虽然市场被“七国八制”瓜分，但是中国的本土企业也在悄悄生长。其中具有代表性的四家公司——巨龙、大唐、中兴、华为，被合称为“巨大中华”。其中，巨龙通信是由中国邮电部门下属的八家企业在1995年共同投资创办的；大唐电信是由电信科学技术研究院控股，1998年在北京注册成立；中兴通信成立于1985年，属于公私合营企业，国有股处于控股地位；只有华为，是不折不扣的民营企业，完全凭借自己的能力，在中国通信行业的红海中站稳了脚跟。

创业初期，华为不仅要面对思科、朗讯等国外企业，还要应对国内的竞争。“巨大中华”的出现，很快让中国装上了世界第二大规模的通信网，但是在质量上还有待提高。当时的“巨大中华”都无法从正面挑战国外企业，因此只能保存实力，从对手没有重视的地区做起，也就是“农村包围城市”的战略。面对强敌，“巨大中华”选择了相同的策略。华为是最早决定走“农村包围城市”道路的企业之一。任正非从毛泽东文集中学到了生存的智慧，他把革命斗争的策略用在商业战争中，帮助华为获得了难得的发展空间。

从资源和技术实力上来看，很长一段时间内都是巨龙和大唐占据优势，而中兴、华为处于劣势。巨龙、大唐位于北京，受到政策的很多照顾，科研经费较多，又能直接吸引北京众多高校的人才，但是这也使得他们缺乏市场意识，最终被中兴和华为甩在身后。

在万门交换机研制出来以后，“巨大中华”的差距还不明显，在对待接入设备时，四家做了不同的选择，终于使得四家越走越远。中兴和华为在交换机市场一片大好时，就已经在着手研制接入设备，为的就是抢占未来的市场，以免在科技竞争中掉队。巨龙和大唐则对接入设备很不看好，因为当时的接入设备还很不成熟，他们认为这完全是在浪费时间。然而，中兴和华为很快给出了自己的答卷，他们的努力获得了市场的认可，于是很快瓜分了市场，此时巨龙和大唐只能后悔莫及了。等到后来的移动市场兴起时，巨龙、大唐的竞争力被进一步削弱，市场逐渐萎缩。

1998年，华为将自己的无线GSM解决方案推广到全国市场，并且把触角探向欧美地区，这是世界的核心市场。这一年，华为的销售额达到89亿元，中兴超过40亿元，巨龙超过30亿元，大唐销售额最小，为9亿元。

## 万门交换机奠定胜利的基石

20世纪90年代，中国本土企业迎来了一波高速发展的好时机，华为也不例外。C&C08 2000门交换机的成功，让华为看到了成为世界一流企业的希望，大家认为，只要继续做2000门交换机，做到最好，就一定可以在行业内站稳脚跟。然而也有人提出了不同意见，其中就包括李一男。李一男戴着一副眼镜，说话声音很小，在读华中理工大学硕士二年级的时候，就已经加入了华为，他没有什么经验，也没有什么阅历，唯一有的就是满腔的热情和一身的技术。他找到郑宝用，建议公司尽快开发万门机。

从2000门到万门，这跨度可不小。华为内部的很多人对此表示反对，大家都觉得2000门已经够用了，当时华为的主要市场在农村，而且都是乡级以下的电信局，根本用不了万门。

任正非起初也犹豫过，他知道这一步迟早要迈出去，但是未必要立即去做。再三思考之后，任正指定郑宝用挂帅，李一男为主要负责人。为了给万门机开发人员鼓劲，郑宝用给大家开会，并拍着胸脯说："你们尽管开发，开发出来，我保证帮你们卖掉10台。"大家听了觉得很受鼓舞。

万门机的研制并非一帆风顺。一开始，李一男试图向上海贝尔、富士通等学习，用内部的高速总线将多个2000门交换模块连接在一起，但是经过讨论之后，大家发现这种方案不可行，还白白浪费了几十万美元的费用。这一次的失败经历，给大家的心里蒙上了一层阴影，谁都明白，公司承受不了更大的失败了。

后来，郑宝用和李一男经过讨论，想到了一个新办法，他们用光纤代替电缆，将各个模块连接起来。光纤非常适合远端市场，不仅比电缆更便于维护，还满足了中国广大农村地区的需求。但是怎样才能将这么复杂的交换结构和多处理机控制结构做出来呢？李一男经过反复试验，发现已有的光纤传输或光纤网络技术都无法满足产品的要求，便创造性地提出了准SDH技术的设想，事实证明这在当时是最先进的一种实现方式。

经过华为公司上下齐心的努力，C&C08万门机终"于千呼万唤始出来”。万门机刚一出现，就在市场上大受好评，卖了几十万台，成为国内公用电话通信网中的主流交换机。

自从创业以来，任正非和华为的员工历经千辛万苦，才勉强让华为活了下来。万门机的成功，让他看到了实现梦想的可能。在最后验收时，任正非专门从深圳赶到了江苏邳州。晚上，在大家的住处，他和研发工程师们聊天，他激动地说：“十年后，华为要和美国电话电报公司、阿尔卡特三足鼎立，华为要占据三分之一的天下！”

阿尔卡特是一家法国电信设备制造商，是电信系统和设备以及相关的电缆和部件领域的世界领导者；美国电话电报公司是美国第二大移动运营商。这两家都是世界级的电信设备巨头，与他们相比，当时的国内厂商就像和大象一起行走的蚂蚁，完全没有可比性。

所有人都知道老板这是在为大家鼓气，但是没有人知道，任正非的雄心壮志很快就会变成现实。十年后，华为已经进入世界电信设备一流供应商的行列。

**▶▶华为启示录▶**

仔细观察任何一个伟大的企业家，我们会发现他们身上有一个共同点，就是他们都拥有伟大的理想。在创业之初，他们的脑子里就有一个清晰的方向，他们知道要把企业带向何方。任正非就是这样一个人，他自己拥有理想，也要求员工拥有理想，然后为之努力奋斗。

任正非问过员工一个问题：“2000年以后，华为最大的问题会是什么？”所有人都不知道该如何回答。

任正非半开玩笑半认真地说：“是钱多得不知道如何花。你们家买房子的时候，客厅可以小一点，卧室可以小一点，但是阳台一定要大一点，还要买一个大耙子，天气好的时候，别忘了在阳台上晒钱，否则你的钱全发霉了。”

他要求在场的所有员工把这句话记下来。有的人记下来了，有的人没有照办。有的人亲眼见证了这句话变成现实，也有的人在2000年之前就选择了离开。

任正非的理想很简单，就是把华为做到最大、最强，当那一天真的来临时，他才可以安心地对近二十万华为员工说一声：“华为活下来了。”

## 烧不死的鸟是凤凰

### 华为需要勇者，而非庸者

1987～1995年是华为发展的第一个阶段，在这个阶段内，华为的主要任务就是求生存。在这段时期内，孙亚芳、郑宝用等重要人物纷纷加入华为，构成了最初的领导团队。1995年之后，华为已经基本度过了艰苦创业的初期阶段，规模稳步扩张，业务开始迈向国际。然而也就是在这段时间，华为迎来了新的挑战，创业时期的一些管理干部，已经很难跟上企业发展的需要，曾经为华为建立功勋的元老，现在却成了制约华为发展的瓶颈。

直到2004年，华为始终面临着巨大的挑战，甚至差点“死掉”，为此华为不得不从自身寻求突破。华为在人力资源系统、管理体系、流程体系等方面进行的变革，几乎都是在这几年时间内完成的。

华为在成长过程中遇到过无数次艰难坎坷，为此华为不得不对自身进行深层次改革，包括人力资源改革、组织改革，以及战略改革等。假如改革取得成效，华为就能迈上一个新的台阶；假如改革失败，华为就不得不在原地徘徊，坐失良机。

华为必须展开一次大刀阔斧的改革，方能浴火重生。

任正非有他温柔的一面，作为家中的长子、几个子女的父亲，他默默地承受着来自家庭的重担，从来没有一句怨言。他在公司开会时，几乎不提“转型”“变革”这样的字眼，而是喜欢说“改良”“改善”。但是残酷的现实迫使他放下个人情感，华为需要的领导人是一个能够始终保持清醒、杀伐决断的勇者，而不是优柔寡断、碌碌无为的庸者。

1996年1月，新年到来的喜悦还未远去，华为的市场部就迎来了一次大变革。由市场部总负责人孙亚芳亲自带头，一直到各个区域的办事处主任，市场部的所有正职干部，都要主动辞职，重新竞聘上岗，这就是“市场部集体大辞职”。干部们一手拿着述职报告，一手拿着辞职报告，重新参与竞聘考核。这一次，市场部有30%的干部被筛选下来，其中就包括市场部代总裁毛生江。

站在员工的角度来看，“集体辞职”无疑是非常残酷的，它意味着员工必须跟得上华为前进的脚步，否则就会被淘汰。但是大家也很理解这种机制，不这样做，华为就无法始终保持竞争力，同时这对于那些勤奋能干的同事来说是非常不公平的。

### 没有新陈代谢生命就会停止

在华为公司，曾有这样一条不成文的“规则”：在2001年之前进入华为的属于“老人”，从2001年开始进入华为的统称为“新人”。“老人”由于进入时间早，因此工号较小，分到的股票较多，有些人的分红甚至比工资还高。相比之下，“新人”的运气就没有这么好了，因为入职的时间晚，“新人”即便水平很高，收入也无法跟“老人”相比。这是非常不公平的，会让“新人”看不到上升的可能性，从而消磨奋斗欲望，也会让“老人”失去进取心，躺在功劳簿上吃老本。

为了确保竞争力不会下降，华为必须打破这种不合理的弊端。此次“市场部集体大辞职”，主要就是华为想要借此打破长期存在的工号文化和解决企业竞争力问题。在这次离职运动中，其中一条很具有代表性意义的措施就是，为员工重新排列工号，让工号失去多余的涵义。

**▶▶华为启示录▶**

华为是一家很“不讲情分”的公司，华为人早已形成了“能者上，庸者下”的共识。华为会根据员工的贡献，给予丰厚的报酬和奖励，但不允许吃老本。

华为要求员工进行自我批判，“以客户为中心，长期坚持艰苦奋斗，长期坚持自我批判”，这是华为的价值观。自我批判不是要让员工变得自卑，而是要正视自己的弱点。任何人都会有弱点，有弱点不可怕，可怕的是无视弱点，自我欺骗。蒙起头来当鸵鸟不会让危险消失，只会让自己越陷越深。

华为始终在自我批判，虽然它现在已经是一家规模庞大的企业，但不可避免地会出现大企业病，但是华为人仍然在不断进步、不断改进，而不是停留和沉溺于自我否定。企业应当如此，作为个人，我们也应当如此，要对照任职资格标准，拼命学习，不断修炼和提升自己。

# 曲折之后一定会赢来胜利

### 错失是为了迎接更广阔的未来

20世纪90年代中期，C&C08交换机的成功让华为迅速崛起，凭借着优良的性能和低廉的价格，华为在国内迅速占领了市场。到1998年时，C&C08交换机在国内全年销量达到1070万端口，成为国内最畅销的数字程控交换机。

就在公司上下集中精力攻克C&C08交换机时，华为遇到了另一个难题。当时W-CDMA（码分多址）还处于R99讨论阶段，国家也在等自己的TD-SCDMA（时分一同步码分多址）成熟，3G牌照迟迟不落地，而中国电信正在从日本引进小灵通。很多公司纷纷推出小灵通业务，尤其是中兴通信和UT斯达康，依靠小灵通业务的高速发展，在规模上逐渐逼近华为。

在这种情况下，华为的内部人员向任正非提交了一份申请，建议开展小灵通业务。任正非经过深思熟虑，否决了这项提议。他认为，尽管小灵通在中国市场上有着旺盛的需求，但这是由于中国技术水平落后导致的，从技术上来说，小灵通已经处于落后状态，有比它更先进的3G技术。任正非告诉员工，这只是个短暂的机会，无法获得长期的发展，小灵通注定会被淘汰出局，华为要坚定不移地走自己的道路，不能变成一个机会主义者。

于是，在小灵通火热的年代，华为没有参与其中，而是将巨额资金和大量人力投进了当时在全球还没有商用的3G研发中。在竞争对手如日中天的2002年，华为却意外出现了成立以来的首次亏损，而任正非的这一举动，也被业内视为最重大的战略失误。面对任正非的一意孤行，很多人感到不解，他们无法坐视眼前的机会白白溜走，于是离开了华为，进入了在当时看来更好的企业。

后来的事实证明，正是由于任正非当时坚持让华为在3G技术上的持续投入，才创造了今天的华为，而当时占领了小灵通市场近半壁江山的UT斯达康，则成了一个真正的机会主义者，在后来的3G主流市场上成了边缘角色。

任正非曾多次向华为的管理层强调：客户需要什么，我们就做什么。所以，作为一家科技企业，华为不能“唯技术”，而要贯彻“以客户为中心”的指导方针。为此，任正非做过一些统计，那些破产的企业，并非输在技术不先进上，而是他们在技术发挥上没有考虑到客户的需求，从而使其产品无法为人们认可和接受，久而久之，它们的企业也就无法经营下去了。

**▶▶ 华为启示录 ▶**

华为光环的背后是无数次的失败。任正非有一次在会议上说：“华为茫然中选择了通信领域是不幸的。这种不幸在于，所有行业中实业是最难做的，而所有实业中，电子信息产业是最艰险的；这种不幸还在于，面对这样的挑战，华为既没有背景可以依靠，也不拥有任何资源，因此华为人尤其是其领导者将注定为此操劳终生，要比他人付出更多的汗水和泪水。”

通信行业的竞争极其激烈，就连国际上的一些知名企业也难逃覆灭的命运，更别提起于微末的中国民营企业了。二十世纪八九十年代，中国涌现出一大批小作坊、小企业，他们都希望能够在通信市场的大浪潮中分得一杯羹，然而绝大多数都在市场竞争中被淘汰出局，最终活下来的只有几家而已。正是由于长期生活在这样的环境下，华为人将“活下来”看得比什么都重要。

无论商业模式发生了怎样的变化，商业的本质都是不会变的，就是要用优质的产品和服务为客户创造价值，而这正是华为一直以来的传承。接二连三的胜利，也让华为人更加坚定了自己的信念：尽管前路曲折，未来一定会赢！

# 第二篇

## 至暗时刻，浴火重生的华为铁军

度过了最初的黎明时光，华为迎来了快速成长的阶段，然而发展之路仍然不顺利。无论是在国内还是国外，华为都处于强敌环伺的境地。上海贝尔、港湾、朗讯、北电、中兴、阿尔卡特……在刚刚兴起的中国通信市场上，无数企业共同竞争，他们都希望从市场上分得一块蛋糕。华为人来不及庆祝，便又背起行囊，继续向着未知的远方前进。

# 第四章

## 胜则举杯相庆，败则拼死相救

## 绝地求生，用贴身服务超越上海贝尔

### 上海贝尔的实力远超华为

在我国通信行业的发展史上，上海贝尔拥有极为特殊的地位。20世纪80年代，我国还没有掌握自主生产程控机的技术，只能从国外引进。但是西方国家又对社会主义国家实行战略物资和高科技的出口禁运和贸易限制，谈判屡屡受阻。

中方提出“技贸结合，以市场换技术”的原则，鼓励外商进入中国市场。这时比利时的贝尔公司有了谈判的意向，在中外多方的共同努力之下，经过三年多的谈判，终于达成了技术转让协议。

第二年，邮电部与比利时贝尔公司联合组建合资公司，简称上海贝尔，这是中国第一批中外合资企业，实现了从零到有的突破。公司成立后，积极贯彻邮电部“引进、消化、吸收和创新”相结合的精神，通过“重在创新”的三个层次通信技术发展战略，逐步掌握了当时世界上先进的程控交换技术，为上海贝尔今后的大发展奠定了坚实的基础。

在当时的大环境下，上海贝尔是中国通信领域内的标杆企业。1984年，安徽省合肥市决定引进万门交换机和长途交换机，最终选择了上海贝尔生产的S1240数字程控交换系统。上海贝尔接到订单以后，立即组织人员进行技术改进，使得新产品完全符合客户的实际需求。1986年12月，由上海贝尔生产的程控交换第一个市话局在安徽合肥开通，上海贝尔由此一战成名。

凭借着行业内领先的技术水平，上海贝尔很快帮助运营商建设了国际长途、国内长途、重要专网、大中城市的市话网，真正做到了经济发展通信先行。而同时期的华为才刚刚建立，靠给一家生产用户交换机的香港公司做销售代理获取利润。与华为相比，上海贝尔就像一座横亘在前方的山峰，华为恐怕做梦也没想到自己有一日会超越它。

### 华为用迂回包抄战略赢得市场

1994年，华为推出了自己研发的C&C08数字程控交换机，并且在之后推出了万门交换机，但是在研发能力上，还是不能和上海贝尔相提并论。因此，当下属提出要与上海贝尔开展竞争时，任正非果断否决了这个建议，虽然他很清楚上海贝尔是华为必须要翻越的高山，但是此时两家公司的实力完全不对等，华为必须学会隐藏自己的实力，避免与上海贝尔发生正面冲突。

于是，任正非定下了“农村包围城市”的策略，先攻占农村市场，以及东北、西北、西南的落后城市，等站稳脚跟以后，再向核心城市发起“攻击”。这些地方的市场较小，利润较低，上海贝尔不愿意进入这些地区同对手打价格战，于是华为获得了宝贵的发展时机。

1998年，华为将目光投向四川省，而当时上海贝尔在四川的市场份额是90%，占据绝对优势。按理来说，华为是绝对不可能战胜上海贝尔的，然而华为没有选择硬碰硬，而是另辟蹊径，一步一步撬动了对手的墙角。起初，华为不提销售，而是免费为客户提供接入网服务，借此在四川各地布局。上海贝尔被自己短暂的优势迷惑了，没有注意到市场的变化，甚至连眼前的威胁都没有意识到。紧接着，华为又将新增的接入网抢了过来，逐渐把点连成了面，取得了突破性进展后，伺机将接入网的优势延伸到了交换机。此时上海贝尔才反应过来，但是为时已晚，因为此时华为已经抢占了四川新增市场超过70%的份额。

这一年，华为四川团队的成功经验引起了任正非的注意，他很快下发通知，要求各地人员学习四川团队的经验，并且在全国各地进行推广。很快，华为的销售额首次超过上海贝尔，以71.8亿元排电子百强第十名。1999年，华为又以102亿元的销售额再次名列第十，与上海贝尔平起平坐。

1999年，中国的通信市场趋于饱和，留给各家公司的时间已经不多了。所有人都明白，再不进行转型，迟早会被市场淘汰。在这种情况下，考验的就是公司的行动力，而行动力正是华为的优势。随着宽带城域网的出现，华为继续采用“农村包围城市”的策略，一方面同对手抢市场，一方面研发新技术，率先研究光网络、数据通信、智能网等产品，成功地在用户心中树立起“宽带城域网倡导者”的形象。而在同一时间，上海贝尔却仍旧用原来的技术应付新市场，逐渐落后于时代。

2002年，上海贝尔来到了命运的转折点，它被阿尔卡特收购，被迫更名为“上海贝尔阿尔卡特”。而在上海贝尔内部人员为了利益争吵不休时，华为仍然在高歌猛进。

**▶▶华为启示录▶**

在市场竞争中，需要比拼两方面的功力：一方面是技术实力，这是公司的硬实力，是赢得市场的基本条件；另一方面是应变的能力，这是公司的软实力，你必须针对客户市场，提供本地化的服务。

改革开放以后，中国掀起了一股向发达国家学习的热潮，不仅学习发达国家的技术，还学习发达国家的管理和服务。长久以来，中国本土的企业在技术实力上往往很难同国际巨头公司相比，这是因为中国企业的发展时间较晚，技术积累不如国外，而且在研发上的投入不足，只能被国外公司“卡脖子”。但是在软实力上，中国企业的进步非常快。虽然很多中国公司的技术实力不如外国同行，但是在本土化服务方面，中国公司更占优势。于是，我们会发现这样一种情况：技术实力弱的中国公司，利用更接地气的本土化服务，一步步发展壮大，逐渐超越了技术更先进的外国企业。华为正是由于认清了中国市场的现实，选择了一条更符合中国实际的道路，才一步步反超上海贝尔。

## 集中优势兵力阻击港湾

### 从情同父子，到形同陌路

21世纪，华为迎来了难得的发展时期，同时也遇到了前所未有的打击。彼时的华为刚刚击败上海贝尔，然而就在华为人沉浸在胜利的喜悦中时，另一个对手悄悄出现了，这就是李一男创立的港湾。

李一男1970年出生于湖南，15岁时就考入华中理工大学少年班，22岁进入华为实习，26岁成为华为常务副总裁，30岁离职创办港湾网络。

李一男的能力非常强，加入华为之后，他只用了两天时间就成为华为的工程师，半个月后升任主任工程师，半年后升任中央研究部副总经理，两年后被提拔为华为公司总工程师/中央研究部总裁。作为华为核心决策层的一员，他曾多次参与重大项目的拍板，包括程控交换机、几十个G的波分传输、代表未来的数据通信、通信技术的皇冠GSM、CDMA、数千人的招聘计划、盛大的市场策划、全球性的市场扩张战略等。在李一男离开华为之前，他已经帮助华为闯过了200亿大关。

正所谓“爱之深，责之切”，早年的任正非脾气火爆，对待李一男也不免粗暴，经常呵斥，就像过去的老师傅训练学徒一般。但是明眼人都能看得出来，他们二人之间的关系与其说是上下级，倒不如说是师傅和徒弟。当时人们都在猜测，如果李一男就这样一直做下去的话，将来很可能成为任正非的接班人，很多人甚至在私底下把李一男称为“华为太子”。

“郑宝用和李一男，一个是比尔，一个是盖茨。只有两个人合在一起，才是华为的比尔·盖茨。”任正非这样说。

然而在关于华为未来的走向上，李一男与郑宝用产生了分歧，李一男坚持使用GSM，郑宝用则坚持CDMA；李一男支持DECT，郑宝用则全力支持PHS。不知什么原因，李一男与华为的其他高管之间也产生了矛盾。其中的是是非非，后人已经很难说清，只知道后来李一男被调离华为中央研究院，这时华为最荣耀的人物是郑宝用和孙亚芳。

### “内部创业”惹出的祸端

时间来到2000年，当时的华为正面临着强大的竞争对手，复杂的商业环境让“战局”处于胶着状态，一时之间谁也无法击败谁。任正非试图壮大华为的力量，由华为做核心业务，周边业务交给内部人员去做，实行“内部创业”政策，构建一个大华为。按照规定，在华为工作满两年的员工都可以离职创业，经过注册后就可以成为独立法人，而华为负责回购他们的股份，并且向他们提供优厚的扶持政策，即便创业失败，华为的大门也还是会向他们再次敞开。

作为华为的高管层与核心员工，李一男就在这时选择了离开。他带着从华为拿到的价值1000万元的设备北上，创建了港湾网络。为了给李一男送行，任正非专门包下了一家餐厅，邀请同事们一起吃饭。

在欢送大会上，任正非以一个长者的身份，对着席间曾经并肩作战的“战友”们说：“你们开始创业时，只要不伤害华为，我是支持和理解的。”

李一男也明确表态：“作为华为公司的高级干部，我将本着职业道德在未来的时间内保守公司秘密，维护公司声誉，我愿意和公司签署相关保密协议以及禁业限制协议。我所申请成立的内部创业公司也将遵守华为关于代理商的各项管理规定，遵守有关的商业准则，诚实经营。”

然而事实终究朝着相反的方向走去，港湾全面复制华为的产品路标、技术架构、组织结构、工作方法，甚至作息时间都一样，一时间，港湾获得了“小华为”的称号。2001年，近百名员工从华为离开，加入港湾，他们都是华为研发和市场体系的核心骨干。北京港湾成立第一年，销售额就破亿了，随后公司迅速发展，成为华为的对手。

2003年，华为出现了更大规模的离职潮，有3000人从华为离开，大多选择了自主创业，和港湾一样，运用华为的技术，模拟华为的运作。风投和资本家们也聚集在他们身边，怂恿着他们做出进一步的举动。

与此同时，华为也面临着另一个更大的危机。2003年1月，思科在美国得州马歇尔镇的联邦法庭正式对华为提起诉讼，状告华为侵犯其知识产权。这是华为遇到的第一起跨国官司，关键对手还是实力异常强大的业界霸主，一时间令华为内部人心惶惶。

趁着华为与思科打官司的时机，李一男认为华为无暇东顾，于是迅速收拢了基金公司的上亿美元投资，并且全面复制华为的产品线，与华为开展全面竞争。

内忧外患，再加上母亲的意外去世，让任正非身心俱疲，他因癌症动了两次手术，还饱受抑郁症的困扰。华为出现了创办以来的首次负增长。

2002~2003年是华为最困难的时期，也是任正非本人的“至暗时刻”。

在历经波折后，自至2006年，港湾才最终被华为收购。尽管在这场战争中获得了胜利，可是华为人的脸上并没有喜色，任正非直言这是“惨胜犹败”。

完成收购之后，任正非对港湾的员工说：“我代表华为与你们是第二次握手了，首先这次我是受董事长（孙亚芳）委托而来的，是真诚欢迎你们回来的。”“不要看眼前，不要背负太多沉重的过去，要看未来、看发展。在历史的长河中有点矛盾，有点分歧，是可以理解的，分分合合也是历史的规律，如果把这个规律变成沉重的包袱，是做不成大事的。”

任正非认为，李一男的技术水平是一流的，于是让李一男回到了华为，仍然担任华为副总裁，兼首席电信科学家，却失去了重大事件的参与权和决策权，并且不再是华为EMT成员。

李一男明白，自己已经很难得到华为的完全信任，于是很快又离开了华为。

**▶▶华为启示录▶**

对于任正非，李一男和港湾是个绕不过去的话题，从曾经的情同父子，到后来的反目成仇，其间的经历让人唏嘘。

有人说，李一男是个将才，但不是个帅才。他曾是华为最得力的干将，却又在离开后背叛华为，丝毫不顾商业道德，最终难逃失败。

也有人说，港湾是华为“内部创业”政策失败的产物。“内部创业”是一把双刃剑，它可以为华为培养一大批盟友，也可以在关键时刻冲华为亮刀子。华为帮助李一男成立了港湾，甚至提供了价值千万的设备，却没有强调对港湾的控制权。在港湾的股份结构中，李一男占24%，员工占25%，剩下的51%本该由华为占股，但是华为放弃了，白白地被风投占去，最终在利益的驱动下，港湾掉转矛头，朝华为亮起了刀子。

## 用优质服务击败朗讯和北电

### 从客户入手艰难战胜朗讯

朗讯是一家美国公司，背后依托贝尔实验室，具有十分强大的研发能力，它的前身是美国电话电报公司。美国电话电报公司成立于1885年，经过近一个世纪的发展，几乎垄断了美国80%的市场，严重影响了正常的市场秩序，于是在美国政府的压力下，美国电话电报公司于1984年宣告解体。解体之后的美国电话电报公司继续经营电信业务，由于经营不善，于1995年再次解体。此次解体之后，朗讯作为一个独立的个体，继承了美国电话电报公司的交换机业务，贝尔实验室也划归朗讯公司。

就研发实力而言，依托贝尔实验室的朗讯无疑是行业内的顶尖企业，因此它很快就占领了大片市场。在全球呼叫中心业务方面的市场占有率中，朗讯的占比最高，在中国的非通信市场上也是第一位。而在非通信领域，当时的华为还处于起步阶段，实力并不强，遇到朗讯这样的巨头企业，华为只好继续打硬仗了。

虽然朗讯的成立时间比华为晚，但是在发展势头上，朗讯一点儿也不输给华为。朗讯进入中国市场之后，一直保持着极高的发展速度，凭借极高的产品技术，朗讯横扫了高端市场。照这样下去，不出几年，华为的生存空间就会被彻底“吃”掉。危机时刻，任正非找到了一个人——邓涛。此人曾多次在危机时刻挺身而出，为华为抢下重要订单。

邓涛首先来到了朗讯的大本营——济南和烟台，并且在这里设立了办事处，随后又在青岛设立了办事处。这三个办事处，形成掎角之势，将朗讯的总部围了起来。这样做的目的很简单，就是要随时观察朗讯的举动，做到了如指掌。

2006年4月，朗讯被上海贝尔阿尔卡特公司收购，从此彻底退出历史舞台。

**从服务入手，逐步超越北电**

和思科、诺基亚、北电、朗讯等国际巨头相比，华为的技术并不是最好的，但华为最终仍然将对手一一击败，这是为什么呢？

其实原因很简单，华为真正实现了“一切为了客户”这个理念。华为追求的并不是在技术上达到最高，而是要为客户提供最合适的服务。华为的“狼性文化”，就是这一理念下的产物。纵然对手的技术再好，产品再优秀，但是在服务方面，谁也比不过华为。“狼性文化”带来的是华为的优质服务，正是这种服务上的绝对优势，帮助华为战胜了一个又一个对手，其中就包括北电。

北电网络是一家加拿大通信设备制造商，其主打产品是大型排队机，技术成熟，性能稳定，当时市场占有率排名世界第一。任正非很清楚，华为要想走向国际，必须得过北电这道坎。于是，任正非早就派人对北电进行了全面调查。经过调查，华为发现北电的技术虽然很好，但是北电的根基都在国外，所有的设备都要从国外进口，当设备出现问题时，技术专家很难及时赶到。时间就是金钱，对于商业公司来说，这种服务上的延迟现象是不能被接受的。

于是，华为针对北电的这个弱点，制定了针锋相对的策略：技术不如你，我就把服务做到最好。华为建立了一个特殊的服务小组，客户有什么紧急需求，华为的技术人员就会在第一时间赶过去，帮助客户解决问题，尽可能地减少客户的损失。

在华为强大的服务攻势下，北电几乎毫无还手之力，很快就出局了。2009年1月14日，北电宣布进入破产保护程序，从此，电信设备市场上只剩下华为、中兴、爱立信、爱浪、诺西等企业。

**▶▶华为启示录▶**

建立华为时，任正非已年过不惑，他为华为立下的理念是“活下去才是硬道理”，而不是“科技才是硬道理”，因为他抓住了商业的本质。商业就是要满足客户的需求，包括产品需求和价格需求。因此我们往往能够在市场上看到这样一种现象：技术强悍的公司不一定能在商业上获得成功，配置最好的产品也未必能够畅销，针对客户需求提供相对应的服务，这是企业成功的根本原因。

华为的所有战略规划，都是围绕着上述逻辑制定的。华为在发展过程中，曾数次对战略进行调整，而围绕以客户为中心的服务理念从未改变，华为所有的动作都能够从客户层面迅速被反馈回来。并且，这种反馈能够直接到达集团层面，有利于高层对战略做出迅速的调整。这是华为始终能够以客户为中心驱动公司运营的一个重要原因。

## 华为与中兴的同城竞技

### 华为与中兴，“狼”与“牛”的较量

很长一段时间内，中国的通信领域都是被跨国公司把持的，但是改革开放以后，涌现出大大小小数百家中国本土通信公司，其中包括巨龙通信、大唐电信、中兴通信、华为技术通信等。而中兴与华为是其中的佼佼者，两者竞争也最为激烈，中兴成为华为国内“资深”的竞争对手。

在外界的认知中，华为与中兴虽然同属中国公司，又同样从事通信产业，但是两家的企业文化截然不同。华为的创始人任正非出身军旅，脾气暴躁，做事雷厉风行，热衷于宣传“狼性文化”，强调永无止境地拼搏和探索；中兴创始人侯为贵则是车间主任出身，性格温和，作风稳健，一旦认准了方向，就绝不退步，因此被人形象地称为“孺牛文化”。按理来说，狼吃肉，牛吃草，二者本该和平相处，互不侵扰，然而现实却是双方“大打出手”，这究竟是为什么呢？

20世纪80年代初，侯为贵被派往美国负责技术引进，后来担任航天691厂车间主任、技术科长，在当时这是一份前途光明的工作。很快，侯为贵又被派往深圳，与一家香港公司合作，创办合资公司，这就是中兴通信的前身——中兴半导体。第一年，公司赚了30多万元。第二年，侯为贵

拿着这笔钱成立了一支研发小组，专攻交换机领域，3年研发出了中国第一台具有自主知识产权的数字程控交换机。

与此同时，任正非刚刚从部队转业，踏上了南下的旅途，并且于1987年创立了华为公司。

1992年，华为开始研发并推出农村数字交换解决方案，而中兴的合同销售额已经突破1亿元。二者一同进入通信领域，成为旗鼓相当的对手。

1995年，在政府的扶持下，一系列民族通信企业如雨后春笋般涌现出来，其中最具有代表性的是“巨大中华”四家公司。“巨大”位于北京，“中华”位于深圳，一南一北，遥相呼应，四家企业共同作战，抢回了中国的通信市场。然而商业场上没有永远的战友，只有利益的纷争，当这四家企业成长起来之后，便开始了互相争夺。

1996年，中兴与华为先后制订了发展计划，他们都决定突破原来单一的产品结构，向多元化领域扩展。这样一来，两家的产品结构出现了高度重合，竞争在所难免。

**明争暗斗，华为与中兴的全面战争**

是战是和?

推崇“狼性文化”的华为高层经过反复讨论和研究，认为己方的销售额远超中兴，应当主动出击。于是华为组织了一批“精兵悍将”，专门成立了一支针对中兴的“狼性”团队。他们赶赴全国各地，发起了一场场销售战，中兴也迅速用同样的举动予以回敬。后来竞争越来越激烈，逐渐呈现白热化。

终于，市场上的竞争蔓延到了法庭上，双方分别就对方的宣传资料发起诉讼，状告对方公司虚假宣传，构成了不正当竞争。前后四场官司，华为胜了两场，中兴胜了两场，华为被法院判赔中兴180.5万元，中兴被要求赔偿华为经济损失89万元，相当于打了个平手。

有人对华为和中兴的做事方法进行了一个总结：侯为贵用技术人员的思维考虑问题，喜欢授权，所以中兴的人总是单枪匹马；任正非是用军人的方式看问题，喜欢集中力量，因此华为的人总是结群作战。

华为和中兴都是从深圳发家的，身处同一个城市，却无法做到和平相处，他们的竞争不仅伤到了自己，也影响了国家的整体利益。对于这一点，任正非和侯为贵都很清楚，但是箭在弦上不得不发，战火一经点燃，就很难再扑灭下去，必须有人居中调停。为此有关部门曾多次出面调解，终于使“中华”两家握手言和。

华为和中兴的竞争仍在持续，2011年4月，双方又一次在专利上发起诉讼，先是华为起诉中兴侵犯了华为的数据卡和第四代移动通信系统(LTE)专利，接着中兴又在国内对华为提起反诉。但是我们可以明显看出，双方已经不再进行恶性竞争，而是用更健康的公平竞争了。

**▶▶华为启示录▶**

19世纪英国政治家本杰明·迪斯雷利说过一句非常有名的话：“没有永恒的朋友，只有永恒的利益。”不管你愿不愿意，只要上了生意场，就要做好准备，接受他人的竞争。

在生意场上，诉讼与反诉讼是一件很平常的事，经常被企业用于商业竞争。华为也曾为此交过学费。2003年，思科起诉华为侵犯其知识产权，就曾让华为进退两难。由于缺少打跨国官司的经验，华为最初选择了退让，华为表示可以撤出在北美地区销售的相关产品，但是拒不承认侵权。华为的退让，却遭到了进一步的打击。无奈之下，华为只好正面回击，用法律的手段保护自己。

后来，华为建立了专业的法务部门，专门从事诉讼与反诉讼，并且多次为华为争得了应有的权利，有效保护了华为的专利权。

# 第五章

## 让听到炮声的人呼唤炮火

## 以人为本，发掘高战斗力的英雄

### 华为需要“群狼”，而非个人英雄

华为以“狼性文化”闻名天下，任正非靠着“狼性精神”和“床垫文化”，与比华为更健硕的竞争对手抢订单。华为人将“群狼战术”发挥到了极致，只要是华为认准的领域，就很少有啃不下来的硬骨头。很多对手的实力远远超过华为，但是最终仍然被华为一一超越，有的被华为击败，从此再也没有反超华为的可能，也有的被扫进了历史的垃圾堆里。

在任正非的人生观里，一个英雄的团队比一个英雄的个人更重要、更难得。华为需要的是一群英雄，而非个人英雄主义。因为群狼能够共同协作，紧密配合，而个人英雄主义不利于发挥团队的力量。他一直坚持低调做人，高调做事，他一直主张去除个人英雄主义。在华为，英雄的称号不属于某个人，而是属于整个集体。无论是对下属，还是接受媒体采访，任正非在语言上都十分克制，他会主动与员工拉近情感，给员工归属感，从而缔造了“胜则举杯相庆，败则拼死相救”的企业精神。

那么，什么样的人才能称得上是华为的英雄呢？在任正非看来，他必须符合这样几个条件：“什么是英雄？英雄就要有豪迈不羁的性格，有永不言弃的精神，自信地面对任何挑战，即使失败了也毫不气馁。真正的英雄是深藏不露的，不会到处显摆，他们都是默默地去完成奇迹。把简单的事情做好就是不简单，把平凡的事情做好就是不平凡。”

华为的英雄是每一个推动企业发展的员工，他们日日夜夜地辛勤工作。“用户的需求就是命令”，不管是冰天雪地，还是崇山峻岭，只要用户有需求，华为人就会出现在那里。他们训练有素，协同作战，为了同一个目标而努力。在外界看来，华为的团队就像一支虎狼之师，所向披靡，不管是老牌的行业巨头，还是新起的行业新秀，都不敢小视华为。

华为的英雄会不断前进，而不是取得了一点儿成就之后就开始懈怠，不会昙花一现。任正非说：“我希望大家不要做昙花一现的英雄。华为公司确实取得一些成就，但当我们想躺在这个成就上睡一觉时，英雄之花就凋谢了，凋谢的花能否再开，那是很成问题的。在信息产业中，一旦落后，那就很难追上了。”

### 呼唤英雄，也不让“雷锋”吃亏

在任正非亲自撰写的《致新员工书》中，有这样一段话：

“我们呼唤英雄，不让雷锋吃亏，本身就是创造让各路英雄脱颖而出的条件。雷锋精神与英雄行为的核心本质就是奋斗和奉献。雷锋和英雄都不是超纯的人，也没有固定的标准，其标准是随时代变化的。在华为，一丝不苟地做好本职工作就是奉献，就是英雄行为，就是雷锋精神。”

从创业之初的2万多元资金，再到如今一年数千亿元的销售额，华为的成长速度是惊人的，这不是某一个人的功劳，而是得益于华为的人才战略，得益于每一位华为人的贡献。

任正非还说：“我们那些英雄们、弟兄们拼命要做，做多了我们不知道钱怎么分，我们现在领导也有矛盾了，不知道该怎么办。”这就是过于强调个人、忽略群体的后果。然而每个人都有自己的理想和需求，我们要强调团队作战，也不能忽略个人的需求。

从华为建立之初，任正非就在思考如何留下人才，最后他的结论就是两点：第一，给足待遇；第二，给足机会。有了优良的待遇，才能让人才没有后顾之忧；给了充足的机会，才能让他们看到上升空间，从而激发他们的斗志。

在员工待遇方面，华为一向是毫不吝啬的，任正非相信“重赏之下必有勇夫”，给足了待遇，才能让人才安心工作。华为员工的报酬主要有两个来源，即外在激励和内在激励。外在激励主要是金钱方面，包括基本工资、固定奖金、现金津贴、浮动收入、长期激励和福利待遇等；内在激励主要是精神方面，体现在工作内容的挑战、培训的机会、工作氛围的和谐等一系列非物质方面的因素。

另外，奖金和股票分红也是华为的一大特色。对于工作年限比较久并且业绩比较好的员工，奖金和股票分红也会成为一笔丰厚的收入。

正是由于这样，我们会发现一个很有趣的现象：尽管高强度的工作让很多华为人苦不堪言，但是当他们离开华为以后，又会回忆起当时的种种美好，他们从内心感谢那些在华为度过的时光。

**▶▶华为启示录▶**

人才的培养问题一直是决定企业成败的重要因素，因为企业最宝贵的财产就是人才。除了人才以外，资金、技术、政策等要素很难成为企业的“护城河”。我们经常会看到一些大公司不思进取，结果被小公司在短短几年之内迅速淘汰的故事。在商业史上，我们可以发现很多这样的例子，华为就是后起之秀的典型代表。华为起家时，可以说是一穷二白，资金和技术都很贫乏，任正非本人也不是通信领域的专家人士。但是任正非制定了清晰的人才战略，并且具备完善的人才选拔、培养体系，可以为企业的发展保驾护航。

如今，华为已经是一家全球化公司，在挑选人才方面有了更高的要求，人才已经不仅来自国内，还来自世界各地，其中包括牛津、剑桥、哈佛、耶鲁等多所世界名校的优秀学生。

这些优秀人才来到华为之后，很快就融入华为的企业文化之中，具备了能吃苦、珍惜时间、重视团队的品质。他们身上表现出的艰苦奋斗精神与华为的核心价值观高度契合，同时他们的加入也使华为的企业文化更加多元化，更具有包容性和创造性。

## 猛将必发于卒伍，宰相必取于州郡

### 干部选拔就是要知人善任

华为坚持从有潜能的人士中选拔干部，反对纸上谈兵，反对唯资历论。在这套理念的指导下，任正非发掘了一大批优秀的干部。例如李一男，让一个20多岁的年轻人先后担任了中央研究部副总经理、总工程师、中央研究部总裁，这需要极大的魄力。在华为的那段时间里，李一男用自己的表现证明了任正非的决定是正确的。

又比如华为上任董事长孙亚芳，孙亚芳并不在华为的首批创业班子里。孙亚芳毕业于电子科技大学，懂得与通信相关的专业知识，因此她进入华为以后，很快就发挥出了自己的优势。从基层做起，一步一个脚印，先后担任过培训经理、办事处主任、人力资源和市场营销的常务副总裁，1999年出任华为公司董事长，华为开始进入“左非右芳”的时代，孙亚芳走出了一条堪称完美的职业生涯之路。

再比如华为消费者业务CEO、高级副总裁余承东。余承东1993年加入华为，资历比不上郭平、胡厚崑等一众华为元老，但是余承东用业绩证明了自己的实力，特别是华为终端在其带领下，仅用了4～5年时间，就成为全球第三大智能手机生产商。任正非知人善任，他知道余承东一定能够带领华为走向成功。余承东曾说：“我以前什么风格？我以前吊儿郎当的，公司交给我一个什么活，我做完了自己爱干吗就干吗，自由散漫的风格。后来做了管理者，任总经常半夜打电话，周末打电话，问的都是工作的问题，后来我也养成了习惯，基本上空闲的时候也在思考工作，甚至跟家人吃饭也在想着工作，把心都用到工作上去了，被他老人家熏陶影响。”

### 坚持以结果为导向考核员工

一直以来，华为对人才的考核都有一套严格的标准。华为的干部管理不是“培养制”，而是“选拔制”和“淘汰制”。“猛将必发于卒伍，宰相必取于州郡”，学历只是一块敲门砖，真正重要的是实践经验。

在华为，绩效考核是一项极其重要的内容，因为华为的一大特色就是奖励丰厚。必须有公正的绩效考核，才能给出令人信服的奖励。从华为建立之初，任正非就非常重视对员工的绩效考核，不过那时华为缺少专业指导，因此绩效考核的水准也比较粗疏。用任正非的话来说，那时的华为只有“十几个人，七八条枪”，就像临时拼凑成的。人力资源部门的工作人员主要是关注公司空缺的岗位是否及时填补、工资是否照常发放等浅显的问题，没有明确的指标。

然而随着时间的推移，华为迎来了急速的扩张，由早期的十几个人，逐渐发展到二三百人，再到一千人、一万人，华为的规模变得庞大起来。任正非明白，要想让华为稳定地发展，首先就得制定一套科学的管理体系，让员工的心稳定下来。因此，以任正非为首的华为人不断地摸索，最终使员工绩效考核体系明确起来。

2001年，华为的人力资源部在员工绩效考核方面越来越细化，对员工岗位职责的描述也更加详尽。在华为，每年年初的时候，每个员工都需要制定绩效目标，然后努力达成这个目标；在员工努力的过程中，各级主管要对下属的目标进行必要的调整和协助。到年底考核时，人力资源部则将员工的绩效结果与奖励机制进行挂钩，从而在全体员工面前彰显了一个考核标准：坚持以绩效结果为导向考核员工。这样的话，员工多劳多得，通过每个员工所做的贡献进行相应的激励，使员工能将精力集中在实现绩效目标方面，同时也进一步理顺了对员工的考核管理。

华为的绩效管理分为三个档次，依次排列为A、B、C，每个档次的绩效奖金差别是5000元左右；绩效考核按照员工的比例进行固定分配，A档次的员工占5%，B档次的员工占45%，C档次的员工也占45%，剩下的5%的员工构成了将要被淘汰的部分，这在一定程度上贯彻了任正非“末位淘汰制”的管理理念，其中一个重要目的在于打破员工的安逸感、怠惰感，使团队始终处于激活状态，并确保团队的新陈代谢。

同时，为了给一些考核不理想的员工以改进机会，华为还规定，连续几个月都被评为C档或者末档的员工，将面临被降级或者淘汰，这些员工不但会被降低职位，奖金也会随之减少。另外，华为在绩效考核方面的透明度增强，员工可以通过绩效考核单中的详细款项，清楚地看到自己在过去一年中做得好的地方与做得不好的地方，从而有助于更好地改进。

任正非认为，洞悉“以结果为导向”的考评理念，完善企业内部的绩效考评体系，不仅是对员工的负责，更是对促进企业职业化发展的一个要求，从而使企业发展获得源源不断的驱动力。

由于员工考核优劣在绩效考核单中一目了然，即使有些员工拿的奖金较少，也不会认为自己“吃了亏”，而是会根据绩效考核单来分析为什么自己拿的奖金会少，从而激励自己更加努力地改进。

▶▶ 华为启示录 ▶

司马迁在《史记》中记载了这样一段对话。刘邦问韩信："像我这样的人，能够统领多少士兵？"韩信说："您能指挥十万人。"刘邦又问："那么你呢？"韩信回答道："越多越好。"刘邦不服气地说："既然是这样，为什么你会成为我的下属呢？"韩信说："您不善于统领军队，但是非常擅长指挥将军，这就是原因。而且您的能力是天生的，不是努力就能达到的。"

韩信是著名的军事家，非常擅长领军作战，但是他不擅长笼络人才，最终只能当将军。刘邦不擅长打仗，但是他的长处在于知人善任，身边聚集了一大批人才，这才使项羽陷入四面楚歌的境地，刘邦最终成功统一天下。

一个优秀的企业家，必定是知人善任的帅才，而不仅仅是一个"攻城略地"的将才。他不一定要懂技术，因为公司里的那些琐事自然有人去做，但是他必须懂管理，他要把公司变成一个服务中心、支持中心，让人才有用武之地。

正如任正非所说："并不是有文化的人一定会成为将军，否则这么多名牌军校的老师，应该都是司令。当然别人也不一定成得了教授。因此，知识要在实践中成熟为经验与能力。因此，我强调文化素质较高的员工应到一线去，到艰苦的工作中去取得成功。同时，您能团结的团队越大，您就会越成功。"

任正非之女孟晚舟在清华大学演讲时曾说："宰相必起于州郡，猛将必发于卒伍。华为在实战中选拔人才，通过训战结合培养人才。华为的英雄都是在泥坑中摸爬滚打打出来的。华为不论资排辈，所以华为的英雄'倍'出是加倍的倍！"

## 开发人才要坚持“低重心管理”

### 实行“低重心管理”，就是要在做实上下功夫

“低重心管理”是任正非管理哲学中的重要组成部分，所谓“低重心管理”，就是把管理的重心放在底层，把管理落实到具体的工位上，在具体事务上下功夫，而不是一味地宣传大而空的理念。例如，每项工作开展之前，都要对新员工进行考察与培训，尤其是一些特殊岗位，新员工必须经过严格的培训之后才能上岗。这也是“低重心管理”的其中一个方面。

1996年，在华为公司的二次创业过程中，任正非指出：“发展要实行低重心的管理，就是做实。层层级级都要在做实上下功夫，只要我们做实，我们的生产能力就可以增长。”当时华为还存在极大的资源浪费，但凭着低重心战略争取到了国内市场的地位。

实行“低重心管理”，强调的是员工与干部分开管理。基层员工的考核由人力资源部完成，包括对基层员工的各种奖励进行监督。而中、高层干部的考核由华为的六个干部部门负责，人力资源部则负责建立办公会议制度，通过这样的管理方式，华为建立起了一个完善的现代管理体系，而不再是创业初期“诸侯割据”的状态，确保了每一个人的考核都是公平公正的，能够经受得住考验。

低重心管理体现出华为的务实精神，管理要落到实处，要真正发挥出管理的作用，否则就是做无用功。曾经有一名新员工，入职以后给任正非写了一封建议书，洋洋洒洒万余字，然而任正非读了以后，非但没有感动，反而非常厌恶这种眼高手低的做法。他严厉批评了这种做法。激烈的批评让很多人感到吃惊，这是因为他们不曾亲身走过华为的成长之路。做事必须踏踏实实，联系实际，按照方法一步一个脚印，容不得任何虚假的成分。

### 华为导师制：领导要学会做一个“无事人”

在深圳，华为专门建立了一所华为大学，负责为华为员工及客户提供众多培训课程。在华为大学的墙上，刻着这样一句话：“用最优秀的人培养更优秀的人（Great leaders lead leaders）。”这是华为一直以来奉行的人才理念，也是华为人才“倍”出的原因之一。

作为企业的领导人，有太多的事情等着任正非去处理，他不可能像创业早期那样亲自去基层挑选人才，这一点他非常清楚，所以他只能通过其他方法来保证华为的人才制度。任正非进行了大刀阔斧的改革，推出了很多优秀的制度，其中一条就是导师制。何谓导师制？就是由老员工担任新员工的导师，让老员工手把手地教导新员工，将华为的企业文化、价值观以及做事方法等教给新员工，帮助他们快速融入集体，创造价值。

华为的导师制最初在研发部门试点推行，后来取得了很好的效果，于是进一步推广到全公司，成为华为的重要制度，甚至成为对老员工晋升的一项考核要求。员工必须当过导师，才能被提拔，获得晋升。正是导师制的巨大作用，让很多员工把华为当成了大家庭。

导师制的成功，反过来又推动了公司上层建筑的管理改革。所有具体的事务都掌握在各个部门的手里，任正非几乎成了一个“无事人”。任正非说：“在时代前面，我越来越不懂技术，越来越不懂财务，半懂不懂管理，如果不能民主地善待团体，充分发挥各路英雄的作用，我将一事无成。”

等到轮值CEO制度确立以后，任正非彻底成了一个“无事人”，他连签字权也放弃了。整天坐在办公室里，却没有一个人来找他签字。最初他还感到很不适应，经过大半辈子的忙碌，现在到了放手的时候。但是时间一长，任正非也就自觉去做一个“无事人”了。现在的任正非，更像一个精神领袖，早已不过问具体事务了。

然而任正非终究是闲不住的，没有具体的事务可做，他就给自己找了一些其他的活来做。他创造了一个“文化思想权”，而他自己则主动营造华为的文化能量场。任正非指出，资源是会枯竭的，唯有文化才会生生不息。尤其是近年来“狼性文化”和“床垫文化”频频遭受质疑，任正非更加不能坐视不管，他意识到华为的文化也需要进一步革新了。那么，华为的企业文化究竟应该朝何处走呢？任正非的看法是，“华为文化是包容性的洋葱头，不断地吸纳别人优秀的文化，把自己的文化做大做强；华为文化是可可西里的电影和残疾人表演千手观音，归纳为八个字‘追求完美，无私奉献’，这就是华为主张的文化”。

**▶▶华为启示录▶**

一个优秀的团体，必定是具备自我批判精神，能够进行自我改正的，为此企业顶层必须学会放权，让下属在自我管理中成长。舍不得放权，只会让企业越来越僵化，在这样的体系中生存，所有员工都会畏首畏尾，失去创新精神，这样的例子我们已经见过太多了。因此，“低重心管理”也需要放权，让员工在自我批判中逐渐成长起来。

华为的“狼性文化”威名远扬，在外界看来，华为的“狼群”实在太可怕了，曾经无比强大的众多对手，都被华为“斩于马下”。于是很多公司也像华为一样，提倡“狼性文化”，要求员工向狼学习。然而现实往往是残酷的，在“狼性文化”的影响下，员工非但没有变成战斗力强悍的“狼群”，反而感到非常厌恶，甚至成为离职的导火索。

之所以会造成这种结果，原因就在于这些企业是只得其形，不得其神，嘴里喊着“狼性”的口号，等到做事时却不肯放权，仍然让员工按照以往的规则办事，这无异于是让员工戴着镣铐跳舞。等到员工发现之后，就会心灰意冷。

“胜则举杯相庆，败则拼死相救”，这句话可不是说说而已，是要付出实际行动的。

## “知本主义”——资本必须依附于知识

### 知识经济时代强调的是“知本主义”

企业发展最重要的因素是什么？资金？技术？人才？这些当然都很重要，然而除了这些以外，还有更重要的东西。任正非说：“我们要建设一个强大的基础，摆脱对人才的依赖，对资金的依赖，对技术的依赖。”他认为，资金、技术、人才都是企业发展的外部因素，能够促进企业发展，却不是决定性因素。事实上，有很多企业不缺资金、技术、人才，最终却仍然走向衰落，被市场无情地淘汰。因此，企业可以借助这三者，但不要过于依赖这三者，必须摆脱对它们的依赖，才能使企业从必然王国走向自由王国。

创业初期，资金、技术和人才都是华为极度缺乏的东西，然而华为并没有倒下，反而越走越强大，原因就在于任正非找到了一条新的道路——“知本主义”。任正非曾经在一篇文章中说：“知识经济时代，企业生存和发展的方式发生了根本的变化，过去是资本雇佣劳动，资本在价值创造要素中占有支配地位。而知识经济时代是知识雇佣资本，知识产权和技术诀窍的价值和支配力超过了资本，资本只有依附于知识，才能保值和增值。”

对于“知本主义”的定义，任正非给出了清晰的答案：“对一些高技术产业，人的脑袋很重要，金钱资本反而有些逊色，应多强调知识、劳动的力量，这就是知识资本，我们称之为‘知本主义’。”说得通俗一点儿，就是以知识为基础，以知识的实际应用推动企业的发展。华为以“知本主义”为指导思想，打造了一个巨大的“知本”平台，为人才提供了用武之地。

### 唯“知本”为上的薪酬体系设计

创业初期的华为，就像是王伦、晁盖时期的水泊梁山，几位好汉聚在一起，开创了一番属于自己的事业，至于报酬方面则没有明确的指导。任正非用“大碗斟酒肉，大秤分金银”的豪气吸引人才。但是随着华为发展壮大，这一套原始的薪酬制度已经不再适合了，华为需要一套更加合理的薪酬体系，既能留住现有的优秀之才，又能招揽新的人才。

众所周知，企业之间的比拼往往体现在人才的比拼上，而薪资待遇又是人才比拼的关键因素。一个好的薪酬结构体系将有效地保证企业发展中的动态合理性，并促进企业的竞争力与提升员工的成就感。

华为员工的薪酬，主要是由几部分组成：工资、奖金、安全退休金、医疗保障、股权、红利等。另外，华为在制定薪资待遇时，会从员工的角度出发，尽量为员工排忧解难，除了提供远超国内同行的工资以外，还提供一些其他待遇，如培训、职工小区等。

1. 基本工资

员工的基本工资根据职位和学历确定档次，每个档次的工资都不一样。初入华为时，学历在很大程度上决定了基本工资的水平，但是等工作1～2年以后，学历对基本工资的影响会变得很小，基本工资更多取决于员工的实际工作能力。一般在正式工作半年以后会开始加薪，加薪幅度取决于个人表现、所在部门以及公司当时的盈利情况。原则上，华为的加薪向着一线岗位倾斜。

2. 福利、补贴

最初，华为几乎不发放实物福利，员工的福利都会折算成现金，然后打入员工的个人账户。任正非认为，与其用廉价的小礼品收买人心，倒不如开出足够有竞争力的工资，让员工自己决定购买何种礼物。但是随着公司逐渐发展，华为的管理也变得更有温情，更加人性化。补贴包括两部分，一是交通补贴、餐饮补贴，二是出差补贴。交通补贴和餐饮补贴会折算成货币，打入员工的工卡里，出差补贴则会根据具体情况予以报销。

3. 内部股票分红

内部股票，即虚拟受限股，是在华为早期确立的一项薪酬制度，也是除了工资和奖金之外的第三种激励手段。虚拟受限股跟普通的股票含义不一样，需要员工持现金购买，但又不享受所有权、表决权，也不能转让和出售。华为秉持着“入股自愿、股权平等、收益共享、风险共担”的持股原则，员工在入职1～2年后，公司根据其职位、表现、工作业绩等分配给一定数额的内部股票，或者让员工用年度奖金购买内部股票。

4. TUP期权

在虚拟受限股之后，华为又设计了一套TUP期权制度，即奖励期权计划。TUP期权的本质是一种特殊的奖金，是基于员工历史贡献和未来发展前途来确定的一种奖金。TUP期权最初用来解决外籍员工的激励问题，是与虚拟受限股并行的一套制度，可以直接解决全球不同区域、不同国籍人员激励模式的统一问题，并且采用的是现金而非股票，不存在法律上的障碍。

和其他大公司相比，华为的薪酬体系显得较为简单，没有太多的节假日福利，即便是并不丰富的福利，华为也主要是以货币形式支付的。这是因为任正非一方面注意通过薪酬制度确保员工的工作动力，另一方面又非常警惕不让华为成为一个养老机构，不能染上“福利病”。据说有员工曾经建议食堂免费，但是被任正非拒绝了，他认为这反映了员工的太平意识，而这种意识会导致公司走向没落。

总而言之，具体到每一位华为员工的薪酬，其数量多少是由多重因素决定的，包括内、外部劳动力市场状况、地区及行业差异、员工岗位价值（对企业的影响、解决问题、责任范围、监督、知识经验、沟通、环境风险等），以及员工本身的专业能力、工作能力、职业技能、职业生涯发展等。总的来说，华为的薪酬制度是按照公平、合理的原则制定的，真正做到了能力越强，报酬越高。

任正非崇尚知识的力量，坚持“知本至上”，真正做到了把人当作决定一切的关键。为了这个理念，华为每年都要在研发上投入大量资金，其中接近60%的资金花在了人的身上。他说：“只有认识到人的价值，才是一家最有价值的公司。”在高薪的诱惑下，一批又一批的人才拥入了华为。这种“知本至上”的薪酬体系既吸引和留住了人才，又激发了他们的工作热情，推动着华为不断向前进步。

**▶▶华为启示录▶**

华为有句名言：“资源是会枯竭的，唯有文化才能生生不息。”华为现在有十几万员工，如果要问他们华为的“知本主义”是什么，或许会有很多人答不出来，但是他们都能在行动上保持高度一致。他们虽然不知道华为的文化，却无时无刻不受到“知本主义”的影响。“知本主义”的出现，让华为走上了更加宽广的道路，也正是由于“知本主义”，才让这十多万员工凝聚在一起。

“知本主义”与华为的奋斗精神是一脉相承的，因为知识也是努力之后的结果。任正非曾说：“人类所占有的物质资源是有限的，总有一天石油、煤炭、森林、铁矿……会开采光，而唯有知识会越来越多。华为公司有什么呢？华为没有什么资源，也没有什么背景，但是我们的员工都很努力，拼命地创造资源。世界留给我们的财富就是努力，不努力将一无所有。”

对于“知本主义”的学习，改变了任正非的思维方式和做事方法。过去，任正非总是给人一种“独裁者”的印象，对下属下达各种死命令，要求员工像军人一样勇敢冲锋。但是随着年龄和见识的增长，他逐渐认识到这并不是唯一的做法，做事一定要遵循科学规律，办企业也一样。企业持续发展的秘诀就在于创新和变化，然而创新和变化也需要掌握分寸，不能与实际脱节，这是企业管理的难点。要学会从员工的角度去思考。一方面要满足员工的各项需求，另一方面要设置各种制度去考验他们、束缚他们，使他们能够始终走在正道上，不至于偏离了最初的梦想。

如今的任正非，已经不再是“打天下”时的任正非了；如今的华为，也不再是“打天下”时的华为了。任正非在不断学习，也在不断进步，他永远不可能停下前进的脚步，未来的华为注定会绽放出更加耀眼的光彩。

# 第六章

## 推动华为在自我批判中成长

# 一定要将“沉淀阶层”清理出去

## 一定要铲除公司里的“沉淀阶层”

“沉淀阶层”，是用来指代那些比上不足、比下有余的中间阶层，他们生活支出较大，心态比较疲乏。在世界上，任何一家公司都有可能出现“沉淀阶层”，华为也不例外。很多员工由于生活中的各种原因，逐渐落后于时代，他们的实践能力不强，对新知识的接受能力也不够，他们虽然领着薪水，却无法发挥出应有的作用。他们已经丧失了斗志，用得过且过的态度应付工作，对以奋斗精神起家的华为而言，这种生活和工作态度无疑会毁掉公司，因此是华为所不能容忍的。

1996年1月，华为市场部负责人孙亚芳带头发起的“市场部集体大辞职”，就是这一理念下的产物。干部们一手拿着述职报告，一手拿着辞职报告，重新参与竞聘考核。这一次，一共有30%的市场部干部被筛选下来。

对于这些筛选下来的人员，华为有自己的安排。其中一部分人被安排到基层，重新参加锻炼，直到他们的潜能被再次激发出来，才被允许重新回到高的岗位上。

在外界看来，这种做法或许会显得比较严苛，但是在任正非看来，这是不得已而为之。他说："华为不可能有永恒的高速度，每个人的素质、个人学习努力的程度、自我改造的能力差异都很大，怎么可能步调一致地推动公司前进。至少，我看不清华为长远未来的前景。所以，我们不能懈怠，干部能上能下一定要成为永恒的制度，成为公司的优良传统。"

### 没有干劲的人不能进入高层

公司的高层干部是企业的得力干将，他们的肩上承担着极其重要的责任，因此选拔高层干部必须慎之又慎。华为有这样一条共识：高层干部必须具备强烈的进取精神和敬业精神。这是从华为创立之初延续下来的传统，也是任正非一贯的用人理念。高层干部必须有责任心、上进心，不仅要将企业维持在必要的生存水平线上，还要将企业发展壮大，让企业中的每个员工都能感受到希望。

为此，任正非对干部的任命提出了诸多要求，并最终整理成《华为公司改进作风的八条要求》，于2013年正式发表。

第1条：不搞迎来送往。不去机场、车站、码头等搞有别于普通员工的形式接送领导。不在酒店标准配置之外额外增加接待内容，以免你的关心被误会为逢迎。

第2条：不给上级送礼（贺卡、邮件、短信、鲜花除外）。有上级参加的非因公就餐应由上级付账（AA制除外），更不允许以公费名义报销因私就餐费用。

第3条：不许动用公司资源及工作时间为上级或其家属办私事。动用了公司资源，以及占用了办事人员的工作时间，必须要申报，受益人要承担直接和间接的费用以及办事人员的工资。不要被别人认为你的晋级、晋职与此有关，而误解了你。

第4条：提高会议效率，能不开的会议尽量不开，少开会、开短会、讲短话，能够口头汇报清楚，就不要用胶片。优秀的指挥员已经将作战计划以及场景都融化在脑子里了，随时随地都应能够迅速理顺思路，并口头汇报。如需胶片辅助，应自己准备。

第5条：不许私费公报，更不许由下级付费或代报、自己审批式的违规行为。虚假报销视主动违规，视情节轻重，给予退赔、警告、降级、降职处分，因严重虚假报销而受降级、降职处分的员工，饱和配股随之降低。

第6条：不许贪污受贿。凡贪污受贿（除主动坦白或自动往廉洁账户中退赃之外），一律冻结虚拟受限股，在贪污受贿问题处理完后，再行处置。直至移交司法处理。

第7条：不要只报喜不报忧，不许捂盖子，要敢于暴露问题，敢于担责。干部要讲真话，员工不准做假。

第8条：要尊重员工，不能训斥、辱骂员工，训斥了要道歉，辱骂了道歉要公开。反对“一唬二凶三骂人”的错误管理行为。

由于内容只有八项，因此这被华为人简称为“干部八条”。“干部八条”从各个方面对干部的素养提出了要求，就像是一块磨砺人心的磨刀石，始终提醒干部要保持先进性。只有培养出这样的干部，才能避免“沉淀阶层”的大规模出现。也只有有上进心的干部，才能更好地将公司战略与员工衔接起来，使公司更了解员工的需求，从而随时改进。

**▶▶华为启示录▶**

从20世纪90年代开始，华为就开始了疯狂的扩张之路，首先横扫农村市场，然后在国内市场向国际巨头发起冲锋，21世纪则迅速走向国外，并且在国际市场上继续保持急速扩张。华为的成长速度是惊人的。

华为取得的一切成就，都离不开员工们的辛勤奉献。任正非曾说华为人是“三个人拿四个人的钱，干五个人的活”，从侧面印证了华为人的辛苦和勤劳。可以想象，在这种如狼似虎的团队中，怎么可能容得下偷懒、懈怠的思想。如果华为人都变成了“沉淀阶层”，那么华为也就离破产不远了。

任正非经常提醒员工，要奋勇向前，不要停下来。他曾经提出一个“薇甘菊”战略，薇甘菊是一种外来植物，清秀可爱的外表下，却隐藏着极为顽强的生命力。薇甘菊的种子细小而轻盈，可以随着微风、水流等方式进行远距离传播，只需要一点点水和养分，就能快速生根发芽，并且占领整个地区。任正非希望华为的员工都能像微小的薇甘菊一样顽强生长，始终保持极强的进取心，而不是沦为丧失斗志的“沉淀阶层”。

## 让华为成为一个开放的平台

### 从“独裁暴君”到干部权利下放

在华为老员工的印象中，任正非这个人的身上充满了矛盾。一方面，他脾气暴躁，在华为说一不二，被很多员工视作独裁者、暴君；另一方面，他又非常积极地向下属放权。

有一次，华为要接待某个重要外宾，任正非指定几位高管进行汇报。他把稿子拿起来，只读了个开头，就“啪”的一声把稿子扔到了地上：“都写了些什么玩意儿！”为了这件事，他在办公室里光着脚，冲着几位高管骂了半个小时，没有一个人敢顶嘴，总裁办主任严慧敏当场就哭了。后来，他又让总工程师郑宝用重新写，郑宝用拿给他看，他点点头说：“郑宝用，一个人能顶一万个。”

还有一次，郑宝用在部门内召开了一次会议，任正非不请自来，也进了会议室。这时郑宝用说：“这个会你不用参加了，我会把结果告诉你的。”在场的所有人都为郑宝用捏了一把汗，害怕老板会训斥他，但是任正非什么也没说，只是笑了笑就走了。

华为原副总裁李玉琢这样评价任正非：“跟任正非一起工作，你会发现，他是一个严重以自我为中心的人，一个既严厉又有趣的人。他的脑子不停地转，不知道他在想什么。他看问题的方法总与别人不同。跟他在一起，得随时防备他的突袭。他有时会突然地冒出一个什么主意，让你一时反应不过来；有时会莫名其妙地对你发火，让你防不胜防，胆战心惊。大多数人会怕他，我倒觉得他挺有趣的。”

这种矛盾是由任正非本人的性格特点和现实情况的双重因素导致的。任正非早年的个人经历，使他变成了一个实用主义者，而在军队的那段时间，又让他养成了独特的做事方法：在规定的时间和空间下达成任务。于是，任正非就变成了一个乾纲独断的企业领袖，把华为打造成了一支战无不胜的铁军。

然而他自己的力量毕竟是有限的，必须团结其他员工，华为的规模越大，他就越要学会放权。任正非自己也很清楚这一点，他说：“我又不懂技术，又不懂财务，又不懂管理，其实我就是坐在他们的车上。”

华为迅速扩张以后，就连一贯强势的任正非也不得不承认，过去的独裁式管理是有非常大的风险的。在开会时，员工们不敢提出自己的意见，明明是一起讨论问题，却总有人在底下提醒：“老板会同意吗？老板会不会骂呀？”结果很多人不敢说出自己的真实想法和意见。他明白，不能够把华为寄托在任何一个人的身上，新时期的华为必须要“通过文化、制度和流程来建立越来越科学化的管理，同时越来越放权，越来越加大监控的力度，这是两个轮子，都得并行地运行”。

2004年，华为确定了一条原则：干部任命实行一票否决制。这就意味着，在用人问题上，没有人能够乾纲独断了，必须向所有决策人员妥协，就连任正非也不例外。2009年，华为又进一步确立了三权分立、三权制衡的制度，华为的三个重要权力体系——董事会、监事会、道德遵从委员会在公司的治理上有了明确的定位和职责。

**聆听员工的心声，做开放式企业**

有了对干部的放权还不够，任正非还要鼓励员工开口，让员工在公司治理上有更多的参与感，这样才能调动起员工的积极性。为此，华为专门在原有的华为天涯社区的基础上开发了一个新的论坛——心声社区。心声社区是华为人的沟通大厅，只要是华为的员工，都可以在心声社区上发表自己的意见。在这里，人们可以自由发言，也可以匿名发帖。这个匿名制执行得非常彻底，任何人想要知道匿名人的真实身份，都必须经过任正非本人的批准，这样一来，谁也不敢借着这个机会打击报复了。

任正非对心声社区的鼓励，也让华为员工找到了发泄的地方，他们聚集在心声社区，尽情吐露心声，甚至对任正非本人进行点名批评。2018年，心声社区上出现了一篇文章《人力资源2.0总纲研讨班上对任总的批判意见汇总》，里面详细讲述了华为员工对任正非的意见。

例如，针对任正非在人力资源方面的表现，作者给出了这样的评价：“大家都认为，任总在华为发展过程中形成的人力资源哲学思想，比如奋斗者为本、责任结果导向、熵减等，是世界级创新，支撑了华为这么多年快速的发展，是华为核心竞争力所在。但在人力资源具体政策的执行过程中，存在任总过于强势，指导过深、过细、过急的问题。而HR体系执行机械化、僵硬化、运动化、一刀切，不敢从专业视角提出意见，不敢跟老板PK，没有体现应有的专业力量。任总经常既提出问题，又提出解决问题的方法。在一开始提出方法时口头上也比较强势，但实际上任总还只是在表达自己的思考与想法，若执行者深入分析后将利弊予以客观展示，任总其实是比较能客观分析与调整的，是能妥协的。”

针对工资和奖金的分配机制，作者认为需要进行系统的梳理和思考：“这几年，非理性、运动式、一刀切的福利上涨（其中的不少是任总强力推动的），以及过于机械的执行机制，也造成了不少问题。

“当前，泛网络的市场一线比产品线、比消费者BG、比专家们具有显著的职级和薪酬待遇优势，职级普遍偏高，甚至导致人才循环出现问题，是很多领导集中反馈的问题。海思一个高等级的资深专家，待遇比不上一个一般的系统部主管。什么都比不上，职级、工资、补贴奖金、配股，差得还比较远。对于一个高科技公司，是不是合理？”

这些毛病不仅任正非身上有，华为的其他高管和员工身上也有。正如文章作者所言：“我们想强调的是，这里面不仅是对任总的批判，也是对我们所有高层管理者和HR体系的批判与反思。”

对于这种做法，任正非深表赞许，他说：“与中华文化齐名的，古罗马、古巴比伦已经荡然无存了。中华文化之所以活到今天，与其兼收并蓄的包容性是有关的。今天我们所说的中华文化，早已不是原教旨的孔孟文化了，几千年来已被人们不断诠释，早已近代化、现代化了。中华文化也是开放的文化，我们不能自己封闭它。向一切人学习，应该是华为文化的一个特色，华为开放就能永存，不开放就会昙花一现。”

**▶▶华为启示录▶**

和国外先进企业相比，中国企业的管理水平普遍比较低下，这主要是由于我们发展时间晚导致的。很多经济学家指出，中国的企业家们对市场化管理还不太习惯，他们在企业管理中表现出独裁主义的倾向，别人很难插手，他们过度干涉员工的工作，甚至与员工争权夺利。改革开放至今，有许多企业正是由于这个原因，最终导致不欢而散。

任正非曾经说自己是个“有缺陷”的人，他喜欢埋头做事，很不喜欢也不习惯面对媒体。他习惯了做个独裁者，他也十分清楚，独裁主义只会把企业带向深渊。独裁主义带来的是“一言堂”，严重打击员工的积极性和创新思维，最终导致故步自封。“过去一百年来，世界上许多成功的公司都因不能适应变化而倒下。要适应外部变化，唯有自我进化，我们必须保持开放和持续变革。”华为能够走到今天这个地步，靠的绝不是故步自封，而是不断地变革与开放，虚心地向对手学习管理和技术。

任正非积极引进国外先进的管理制度，并且主动放权，让员工有更广阔的用武之地。在一些小事上，他让下属自行处理；在重大事项上，他也尽量选择民主投票，倾听众人的意见。通过权利下放，任正非将华为的管理水平提升到了一个新的高度，也为华为走向国际市场做好了准备。

## 末位淘汰制确保团队战斗力

### 末位淘汰制是拯救华为的重要措施

企业发展到一定程度，都会面临一个难题，即如何解决员工不能胜任岗位的问题，尤其是在公司工作多年的元老级员工。手段太强硬，会影响员工的向心力，不解决又会影响公司的发展。末位淘汰制就是为了解决这个问题而发明的，通过对员工的能力和业绩进行考核，淘汰不合格的员工，整个过程十分公平公正，让人无话可说。

任正非很早就认识到了末位淘汰的重要性，当华为从早期的创业时期走出来后，业绩大幅提升，面对前所未有的成功，华为的很多员工陷入了一片狂欢，他们开始变得怠惰，工作不如以往积极了。就在此时，任正非及时向员工发出了警醒：居安必须思危。

通过末位淘汰制，华为裁掉那些不胜任岗位的员工，从而达到激活组织、消除冗员的目的，让华为能够始终保持活力。末位淘汰制犹如一把悬在员工头顶的达摩克利斯之剑，时刻提醒着华为人："逆水行舟，不进则退。"

归纳起来，末位淘汰制无非是两点：一是"慈不掌兵"，作为企业领导者，不能优柔寡断，必须以企业利益为重，不能为了个别员工而忽略了整体的利益；二是管理制度化，用现代化的管理制度代替人治。末位淘汰制无法做到绝对的公平，但可以让一切行为有章可循，因此符合大多数人的利益。

华为的末位淘汰制每年都有10%的指标，将不称职、绩效不达标的人员淘汰掉。通过末位淘汰制，华为让奋斗者有了均等的机会，而这一切都建立在完善的考核制度上，考核达标的干部继续任用，被淘汰的人员，一部分被降级，或者分流到其他部门，以后业绩表现突出，依然能够升上来。这样才能保证企业干部职业化过程中，不会让机会主义者钻了空子，也不会让真正的人才流失。

**正确使用末位淘汰制**

末位淘汰制的优点可以通过三个方面体现出来。

1. 提升员工的工作积极性，激励员工努力向上

在末位淘汰制的压力下，身处末位者为了免遭淘汰，自然会加倍努力地工作。

2. 提升员工的工作效率，增强团队的战斗力

末位淘汰制的存在，使得华为的各个部门在与对手竞争时，都发挥出了强大的战斗力，从而在多个领域内处在世界前列。在华为内部，一直都有“圣无线，神终端”的说法，意思是华为的无线和终端部门盈利能力最强，其中末位淘汰制功不可没。

3. 优化团队结构，改善团队制度

末位淘汰制的出现，促成了能者上，弱者下的局面，可以直接优化队伍。淘汰末位者并非是孤立的行为，同时还要奖赏那些优秀的员工。

然而末位淘汰制并不是完美无缺的，它也有消极的一面，员工一旦被

淘汰，心理肯定会受到伤害，它的本意是提升员工的积极性，但是在实际使用中会不可避免地挫伤员工的积极性。末位淘汰制也会有损人格尊严，并且显得过于残酷。

因此，在具体运用时必须保持慎重，管理者应该注意以下一些问题，尽量减少末位淘汰制带来的负面影响。

首先，企业要给出明确的目标，让员工清楚地看见自己和目标的差距。这样一来，员工便可以针对自身的条件，设立科学的工作计划，逐步提升工作能力，这样末位淘汰制积极的一面就会被发挥出来。

其次，目标的设置应当合理，必须是员工经过努力可以达到的，否则会让员工对未来感到悲观和绝望。我们经常可以看到，一些企业的老板总是好大喜功，将目标设定得过高，非但没有调动起员工的积极性，反而让员工产生逆反心理和消极情绪。

最后，企业还应主动帮助员工实现目标。设置好目标以后，管理者要向员工提供相应的资源、条件或者机会，这是企业的本职工作。员工和团队一同进步，自然会在心理上逐渐融入集体这个大家庭里。

**▶▶ 华为启示录 ▶**

末位淘汰制将华为的“狼性文化”体现得淋漓尽致，它是高效的，却也是无情的。不过末位淘汰制并非华为的独创，很多企业都遵循类似的做法。

阿里巴巴的创始人马云曾说：“我们公司每半年一次评估。评估下来，即使你的工作很努力、很出色，但是如果你是最后一个，对不起，你就要离开。在两个人和两百个人之间，我只能选择对两个人残酷。”这其实也是一种末位淘汰制，只不过马云用一种更委婉的方式表达了出来。

美国通用公司CEO杰克·韦尔奇也曾在公司内部推行“活力曲线”制度，将公司内部员工划分为A、B、C三个类型。

A类员工占总人数的20%，是公司最优秀的人才，这部分员工会享受最高的薪酬和福利待遇，并且享受完善的培训计划，发展空间十分广阔。

B类员工占总人数的70%，是公司的合格员工，他们占据了公司的主体，决定了公司的整体战斗力。这部分员工同样可以得到培训与提升的机会，同时，公司会激励他们通过自身努力进入A类。

C类员工占总人数的10%，他们是表现欠佳的不合格员工。通用公司规定，这部分员工可以有3~6个月的调整期，如果还是不能适应公司的前进步伐，就要面临被辞退的危机。

后来，“活力曲线”被公认为是给通用公司带来无限活力的法宝之一。

# 第三篇

# 开疆拓土，用真诚的服务征服客户

在激烈的市场竞争中，华为人找到了属于自己的人生信条，即“以客户为中心，以奋斗者为本，长期艰苦奋斗，坚持自我批判”。凭借一股不肯服输的精神，华为人将自己的足迹印刻在地球的各个角落，无论是在冰天雪地的西伯利亚，还是在道路泥泞的非洲大陆，抑或是在战火纷飞的中东国家，都可以看到华为人忙碌的身影。华为人用真诚的服务，赢得了一个又一个客户的信赖。

# 第七章

## 为客户服务是华为存在的唯一理由

# 客户是华为的价值源泉

## “以客户为中心”是华为的信条

华为能够在激烈的市场竞争中取得今天这样的成绩，关键在于两点，一是华为在技术上的不懈努力，二是华为对客户需求的把握。

以客户为中心，为客户提供优质服务，一直以来都是华为的经营理念。在对待客户的态度上，华为比对手做得更好。例如，在客户端方面，其他厂商通常会让五个工程师为一组，前去为客户服务，而华为派遣的小组有十多个人，能够解决各种各样的问题。又比如，在异地维修方面，其他厂商通常会通过远程视频遥控解决问题，或者等到几天甚至十几天之后才会出现在事发地，而华为的工程师总是能够及时出现在全球各个地方，只要客户有需求。正如任正非所说：“无论是在海拔最高的珠穆朗玛峰、地球最北端的挪威通信基站，还是炎热的亚马孙丛林……以客户为中心，履行合约、诚信交付是奋斗在一百多个国家的十几万华为员工坚持的原则，持续艰苦奋斗的精神使我们赢得了客户的信任。”

华为海思总裁何庭波说过这样一件小事：“某天下班后，华为的一名技术员工收拾妥当，准备回家，却突然接到了一个客户的电话。客户非常着急，他说华为的设备出现了问题，给他造成了损失。华为的这名技术员工向客户询问具体的情况，并且根据经验做出了判断，接着迅速赶往客户公司，将问题解决了。客户为此大受感动，他没想到在深更半夜都能感受到华为人的服务。”

优质服务帮助华为迅速获得了客户的认可，从而占据了大片的市场。在国内市场大获成功以后，华为又将眼光放在了广阔的国外市场。华为刚刚进入欧洲市场的时候，遇到了很大的阻碍，欧洲人对华为十分不屑，他们对中国企业仍然抱着廉价低质的印象，在欧洲人看来，中国的通信技术根本无法同欧洲老牌企业竞争。面对这种情况，华为并不急于说服客户，因为任正非是个实干家，他认为说得好不如做得好，只要华为的技术过硬，服务够好，就不怕客户不买。最后，华为终于凭借自己的努力取得了欧洲客户的信任，为企业的发展打开了一片新天地。

华为把客户看作自己的衣食父母，这是从任正非开始就树立的价值理念，任正非本人也用自己的行动捍卫着这一理念。他曾经教育员工：“客户才是衣食父母，有时间就多与客户沟通，以及时了解他们的需求，别做没有意义的事。”

### 只有“以客户为中心”才能活下去

当华为走过创业时的艰苦，逐步成为世界上最大的通信设备供应商时，任正非并没有感到轻松，他仍然会时常感到恐慌：假如华为发不出工资怎么办？经营不下去怎么办？怎样才能让企业走得更远？最终，任正非的答案只有一个，那就是客户。客户是华为的立身之本，客户是华为的魂，只要客户在，华为的魂就永远在。

“以客户为中心”不是一句空话，它包含了丰富的内涵，华为“以客户为中心”的理念含有三个基本要点。

1. 客户需求是促使华为不断向前的原动力

多年以来，华为始终坚持自己的经营模式，没有选择上市，这样就避免了短期指标，避免了资本对企业的控制。要知道资本是一把双刃剑，它在为企业带来资源的同时，也需要迅速且高昂的利润回报。华为的各个部门都会根据客户的需求制订计划，而不会被资本市场的短期波动牵着鼻子走。

2. 把企业经营的重心放在客户身上，而不是放在老板身上

在2010年的一次会议上，任正非曾明确指出：在华为，要坚决提拔那些眼睛盯着客户，屁股对着老板的员工；坚决淘汰那些眼睛盯着老板，屁股对着客户的干部。前者是公司价值的创造者，后者是谋取个人私利的奴才。“以客户为中心”的理念深入华为的上上下下，华为要求全体员工都以市场为导向，把客户的需求放在第一位，而不是把上级或者老板放在第一位。就连任正非本人出行时也没有专车，没有专职司机，他和普通人一样拎着行李赶飞机，出了机场以后自己打车去宾馆或会议地点。

3. 帮助客户创造价值，获得成功

做生意最理想的结果是双赢，客户是伙伴，只能用心对待，不能耍花招，要用真诚的态度对待客户。华为不仅是一家产品制造商，同时也是一家服务商，华为存在的意义就是帮助客户解决问题，创造价值。华为在前进的道路上也犯过许多错误，不仅给客户，也给自己造成了很多损失，接受教训之后才认识到其中的错误。

**▶▶ 华为启示录 ▶**

为什么华为这么重视客户，甚至不惜付出比同行更高的代价也要拿下客户？这与华为的低起点有关，华为是一家真正从草根逆袭

的企业，它具有典型的中国企业的特征：极其现实，坚韧不拔。

华为起家时，只是一个小小的贸易公司，一没市场，二没人才，三没资金，就连产品也要靠别人提供。在这种状态下，华为能做的只有一条——把客户关系搞好。任正非对着华为的众多高管说过这样一句话："华为的产品也许不是最好的，但这又怎么样。什么是核心竞争力？选择我而没有选择你就是核心竞争力。"

早年的华为被称为具有三流的产品，一流的市场。在华为征战市场的30多年时间里，无论是国内还是海外，客户关系管理都为华为的发展提供了强大的支撑，也是华为发展的核心命脉。

时至今日，华为已经在多个领域成为世界顶尖企业，但是为客户服务的初心依然不变。华为用自己过硬的服务和产品赢得了市场的认可，即便遇到挫折和阻碍，也一定会继续前行。

## 做企业就是“把豆腐好好磨”

### 竞争的关键是做好综合体验

在华为高速发展的同时，任正非也对华为产生了新的认识。最初，面对老牌国际巨头，华为的战略是低价格、中等质量、高服务，但是低价策略不可能一直持续下去，华为若想走得更长远，就必须朝着更高的方向发展，向顾客提供高价格、高质量、高服务的产品。

当时人们对华为的印象普遍是价格便宜，质量参差不齐，在稳定性方面无法和国外的大牌产品相比。低价策略让华为获得了令人难以想象的发展速度，却也引起了很多人的不满。2003年，思科在美国起诉华为，理由是华为侵犯了其知识产权。但是人们都很清楚，这只是表面现象，根本原因乃是华为抢占了思科的市场，极大程度地削减了思科的利润，否则双方不会最终选择庭外和解。

经过这件事以后，华为在制定战略决策时变得更加谨慎了，他们决定不在海外市场打价格战，而是同友商共存双赢。华为向阿尔卡特、西门子等友商学习品质和定价的管理，一方面是为了提升自己的产品质量，另一方面也是为了与友商和谐共处，不扰乱市场，以免西方公司群起而攻之。在很多领域，华为还主动与友商合作，共同分享市场上的利益。经过几年的努力，大家已经能够接受华为的存在了。

华为决定以提升产品和服务质量的方式来获得客户的认可，尽管这条道路很不好走，可能还会让华为遭受一定程度的损失，但这是华为走向国际市场中必须学会的一堂课。任正非说：“不能由于我们的一点点销售来损害整个行业的利润，我们决不能做市场规则的破坏者。”

任正非说做企业就是“把豆腐好好磨”，就是集中精力做好一件事，就是好好地服务客户，提升综合体验，这是商业常识。说起来简单，做起来却很难。很多企业只看重眼前的经营业绩，没有充分考虑到将来的发展，满足于所谓的物美价廉，无法提升产品的综合体验，最终成为昙花一现。

华为以技术起家，因此非常重视生产和制造环节，任正非坚持把技术和生产一手抓，他认为这是公司的立身之本。商业上没有捷径，华为没有秘密。很多企业学华为，只看到了表面的成功，却没有几个企业能够坚守商业常识。

尤其是在中国推进经济体制改革的今天，坚守商业常识显得尤为重要。对此任正非有自己的见解，他说：“供给侧改革的中心，就是提升产品的品质。首先我们要抓住货源，要保持高质量，供给侧一定要保持高质量。其次，产品要高质量，有了就会有客户群。供给侧改革中核心是质量。质量的关键是要提高成本。低成本就不可能有高质量，低成本必然带来地沟油、假冒伪劣。高质量为什么不能卖高价格呢？卖不了高价格，政府就要减负，企业才能有余钱投入创新。我在达沃斯讲的，我们坚决不走低价格、低成本、低质量的道路，这会摧毁我们二十多年后的战略竞争力。”

## 《华为基本法》——规范化是提升服务的先决条件

在早期阶段，华为使用的是家族式管理，由于任正非强大的个人意志和员工的创业激情，为客户提供了不错的服务。但是在发展过程中，华为的市场不断扩张，成为一家大公司，这时已经不能再继续使用家族式管理了，华为必须加大制度、流程建设，走一条更为规范的管理之道。华为来到了历史的交叉口，人治的局限性已经展现出来，必须用法治取代人治。正是在这种情况下，《华为基本法》才应运而生。

1996年，华为就专门组织了一批人制定华为的管理法，当时确定名称为“管理大纲”，接着又被称为“华为基本法”，并且起草了基本框架。当时，企业文化虽然在中国传播了近十年时间，但真正开展企业文化建设的企业很少，形成规范化文本的几乎没有。在这种情形下，华为成了企业文化建设的先行者。经过无数次讨论和修改，直到1998年3月《华为基本法》才被审议通过。

《华为基本法》对公司创立以来的成功经验进行了总结，同时吸收了国际领先企业的管理经验，借助于先进的管理工具，形成了均衡管理的思想，确定了华为二次创业的策略。它主要回答了三个问题：华为如何从人治走向法治？如何将任正非的管理思想转变为组织意志？如何用一套行之有效的规则来应对世界发展的不确定性？

《华为基本法》的第一条内容是：“华为的追求是在电子信息领域实现顾客的梦想，并依靠点点滴滴、锲而不舍的艰苦追求，使我们成为世界级领先企业。为了使华为成为世界一流的设备供应商，我们将永不进入信息服务业。通过无依赖的市场压力传递，使内部机制永远处于激活状态。”

它明确了华为的基本发展方向：华为是一家“电子信息领域的设备

供应商”，要“实现顾客的梦想”，但是华为不会“进入信息服务业”。这两点看起来是互相矛盾的，通常企业都会打通上下游产业链，以便获取更高的利润，但是华为明确向电信服务商表态：自己将永远不会进入该领域。华为要做服务者，而不是游戏者。华为要做的是为客户提供优质服务，而不是与客户争利。

如今的华为已经成长为世界500强，并且在多个领域占据世界领先地位，向全球用户提供高性价比的优质服务。而这一切，都是从《华为基本法》的起草开始的。在《华为基本法》的引导下，华为逐渐朝着正规化的方向发展。

当大多数中国企业还没有清晰的现代管理意识时，华为就已经邀请IBM（国际商用机器公司）、Towers Perrin（韬睿咨询公司）、The Hay Group（合益咨询公司）、Price Waterhouse Coppers（普华永道会计事务所）和Fraunhofer-Gesellschaft（费劳恩霍夫应用研究促进协会）等公司担任华为在流程变革、员工股权计划、人力资源管理、财务管理和质量控制等方面的顾问了，因此华为的管理水平远远超出国内同行。

**▶▶华为启示录▶**

做企业的本质很简单，就是为客户提供服务，帮助客户解决问题，从而达到双赢的目的，任正非清晰地认识到了这一点。他在做事的时候，总是能够保持极高的专注力，做企业也不例外。这种做事方法被任正非称为“压强原则”。

《华为基本法》第二十三条讲道：“我们坚持‘压强原则’，在成功关键因素和选定的战略生长点上，以超过主要竞争对手的强度配置资源，要么不做，要做，就极大地集中人力、物力和财力，实现重点突破。”

“压强原则”就是专注于某一件事，集中优势力量，实现重点突破，然后以点带面，逐渐实现业务的全面推进。华为在30余年内实现从无到有、从弱到强，在市场竞争中异军突起，就是依靠了“压强原则”的精神。

在“压强原则”的指导下，华为总是能够将自己最好的服务提供给客户，从而达到“人无我有，人有我优”的目标，逐步获得客户的青睐。

## 华为追求的从来不是利润最大化

### 华为的追求是“合理利润”

1998年，华为的产品数字微蜂窝服务器控制交换机获得了专利，也是在这一年，华为开始向世界核心市场欧美布局。正该华为大展宏图的时刻，任正非却说：“华为公司不需要利润最大化，只将利润保持一个较合理的尺度。”在此后的日子里，这句话被人们一遍又一遍地提起。

1998年的华为在通信领域还是一个后起之秀，虽然在中国市场上取得了不错的成绩，但是和爱立信、思科这样的行业巨头相比，华为的体量小得可怜。华为只是一个跟随者，没有定价权，只能通过价格战的方式抢夺市场。时至今日，华为已然是一个行业的领跑者，甚至进入了某些领域的无人区，却依然坚持追求“合理利润”的经营理念。这一点可以从华为近几年公开披露的财报中发现：2017年度，华为的销售收入为6036.21亿元，税后净利润为474.55亿元，净利润率为7.86%；2016年度，华为的销售收入为5216亿元，税后净利润为371亿元，净利润率为7.1%；2015年度，华为的销售收入3950亿元，税后净利润为369亿元，净利润率为9.3%。综合来看，华为的净利润率连10%也没有。对于一家高科技企业来说，这个数字并不算高。

为什么任正非要这样说呢？按照常理来说，企业的利润率当然越高越好，这意味着我们能用更小的代价，得到更高的成果。为何华为要舍弃高额利润率，去追寻所谓的“合理利润”呢？

任正非这样做是经过深思熟虑的，在他看来，保持合理利润也有好处。任何产品都有一个合理的价格区间，这是由多方面因素决定的。华为的产品定价也要遵循市场规律，不能破坏产业环境，否则自己也会生存不下去。有时，华为可能会在短期内无法盈利，但是只要长期方向和策略正确，就可以用产品长期的盈利支持短期的不盈利，关键是要“设置一个边际成本点，超过了这个规模量的点之后就能够盈利”。

在竞争激烈的红海市场，要保持合理的利润是一件很不容易做到的事情，因为这往往意味着产品的利润被稀释了，只能通过薄利多销的方式维持下去。这种环境本身也是一种筛选机制，会让市场的准入条件变高，这既是对华为的考验，也是对竞争对手的考验。如果利润太高，反而会诱使更多的厂商加入进来，导致竞争变得更加激烈。

**“深淘滩，低作堰”的生存哲学**

在谈及利润最大化的弊端时，任正非说：“我们公司经营目标不能追求利润最大化，我们所有薪酬、经营的指导方针不能追求利润最大化。利润最大化实际上就是榨干未来，伤害了战略地位。‘深淘滩，低作堰’，大家要深刻理解它的广泛及深刻的含义。”

“深淘滩，低作堰”是都江堰水利工程的治水原理，它体现了古人卓越的做事理念，也启发了现代人的企业经营理念。都江堰从修筑以来，至今已过去了两千多年，仍然在发挥作用，哺育着岷江两岸的百姓。任正非将“深淘滩，低作堰”的原理运用在华为的经营上，“深淘滩，低作堰”

就是确保增强对核心竞争力的投入，确保对未来的投入，即使在遭遇危机时也不动摇，这样才能不断地挖掘内部潜力，降低运作成本，为客户提供更有价值的服务。

华为在研发、技术和管理上始终保持高额的投入，长久的坚持也给华为带来了巨大的效益，并且这一点在每年的财务报表上直接体现出来。很多公司不懂得这个道理，他们凭借技术上的垄断，以利润最大化为目的，一味地抬高产品的价格，却不肯对未来进行投入，华为则反其道而行之，虽然卖的价格比国外公司的低一些，但毛利空间还可以，结果昔日的巨头企业被华为一一追上并逐步淘汰。

华为成长起来以后，并没有忘记“深淘滩，低作堰”的道理，依旧在研发上进行巨额投入。任正非对研发的态度近乎偏执，他规定每年必须要将华为营业额营收的10%投入研发，此举为华为带来了大量的技术专利。华为快速更新自己的技术和产品，以不可阻挡的势头一路向前，将竞争对手远远地甩在身后。

如此巨大的研发投入，也给竞争对手出了一个难题，迫使对手考虑庞大的入局成本。任正非说：“他要赚小钱，他能不能耐得住这个寂寞？耐不住寂寞他就不干了，还是我们占着这个位置。如果我们长期保持饥饿状态，不谋求赚大钱，最终我们能持久赚钱。”

这也可以从侧面解释“为什么华为坚持不上市”的问题，如果华为选择上市，任正非的“合理利润”恐怕很难继续存在。

**▶▶华为启示录▶**

我们在生活中经常能够听到“无利不起早”的说法，用最小的代价获得最大的利润是每个企业的梦想，然而现实并不总是像我们想象的那么美好和单纯。我们在赚取利润的同时，也必须兼顾其他人的利益。

在现实生活中，很多企业过于追求利润，反而会阻碍企业的发展。例如，某些企业为了达到利润最大化，不肯对研发和管理进行投入，而是一直在“吃老本”，结果很快被同行超过。还有的企业为了高额利润，甚至走上了违法犯罪的道路。

归根结底，企业的发展必须建立在社会繁荣的基础之上。企业固然应该追求利润，但是不能一味地追求“利润最大化”，而是必须将自身的利润维持在一个合理的范围内，让其他人也能从中受益。否则就会变成“一锤子买卖”，断送了继续合作的可能性。

# 第八章

## 走出国门，我们的征途是星辰大海

## 华为走向国际市场的坎坷之路

### 华为必须接受国际市场的检验

20世纪90年代中期，华为在技术方面取得了长足的进步，在市场上也取得了一定的地位，然而中国的市场前景并不明朗。任正非预感到，未来中国市场一定会发生激烈的竞争。果然，国内的通信市场很快变成了一片红海，各大厂商为了争夺市场份额，发生了惨烈的竞争，很多小企业被迫关门，大企业也在竞争中损失不小，尤其是中兴和华为这两大巨头的比拼，给很多小厂商造成了很大的压力。

另外，国内市场经过一段时间的迅猛增长以后，份额增长缓慢，市场趋于饱和。任正非十分清楚，光靠国内市场，已经很难满足华为的发展了，华为必须进入国际市场才能获得更好的发展机会。

当时任正非对华为的管理人员说："我们的队伍太年轻，而且又生长在我们顺利发展的时期，抗风险意识与驾驭危机的能力都较弱，经不起打击。必须趁着短暂的领先，尽快抢占一些市场，加大投入来巩固和延长我们的先进，否则一点点领先的优势都会稍纵即逝，不努力，就会徒伤悲。我们应在该出击时就出击，我们现在还不十分危险，若3～5年之内建立不起国际化的队伍，那么中国市场一旦饱和，我们将坐以待毙！"

### 积极建设华为的品牌形象

要走出国门，华为遇到的第一个问题就是品牌形象的建设问题。刚开始在国内，华为是佼佼者、领头羊，但是到了国外，没有几个人认识这个企业。当时，中国企业给人的印象就是组装厂、低端制造厂，华为必须努力打破这种刻板印象，才能在国际市场上站稳脚跟。

一般来说，企业宣传品牌形象与推广产品的一个重要手段，就是参加展会，通过在展会上宣扬产品，向世界展示品牌形象。华为每年都要参加几十个国际顶级的展览会，向外界展示自己的最新成果，从而增加业务成交的机会。任正非经常告诫员工，不要怕苦怕累，因为“活下来是我们真正的出路，国际上的市场竞争法则是优胜劣汰，难做的时候，你多做一个合同，别人就少一个”。

此外，华为还积极投放广告，包括在杂志上投放整版广告、在体育赛事上投放广告等。因此人们会发现一个奇怪的现象：在国内非常低调的华为，却在国外大力宣传，相较而言完全是两种不同的经营方式。

通过参加展会、投放广告等一系列方式，华为逐渐在市场上提升了知名度，并且产生了一定的效果。

**▶▶ 华为启示录 ▶**

过去，人们常常谈起这样一个故事：中国要出口8亿件衬衫，才能换回来一架波音飞机。这个故事背后体现的正是国家与国家之间的分工合作，是供应链体系在国际社会上的表现。很长一段时间内，中国在国际社会分工中扮演的都是劳动力角色，从事的都是劳动密集型产业，而在高科技领域几乎完全没有话语权，只能依赖进口，这主要是历史的原因导致的。

中国虽然被称为“世界工厂”，但生产的大多是附加值较低的商品，如衣服、鞋子、玩具等，利润大多被国外公司赚走，剩下的只有一点微薄的加工费和材料费。在很多高科技产品领域，中国企业的技术还很弱，只能依赖进口。今天中国正在努力摆脱这种境遇，加大科技研发，建设高技术产品的生产和供应体系，真正践行“科学技术是第一生产力”。

华为是中国通信市场的龙头企业，同时也是世界电信网络通信领域的领头羊，无论是研发、产品创新、售后服务还是整个公司的运营，华为都已经成为国际化经营的典范。2015年，华为实现销售收入608亿美元，同比增长37.1%，其中58%的销售收入来自海外市场。研究华为的成长历程，对当前的中国企业国际化具有非常重要的现实意义。

# 积极变阵，逐步突破欧洲市场

## 华为的三种动物哲学——“狼性文化”“乌龟精神”“眼镜蛇特质”

提到华为文化，人们首先想到的就是“狼性文化”，其实除此之外，华为还有另外两种以动物精神命名的企业生存哲学——“乌龟精神”和“眼镜蛇特质”。

1.“狼性文化”——拼尽全力地生存

很多人对“狼性文化”存有误解，认为“狼性文化”就是无限制加班，这是对员工的无底线压榨，其实并非如此。2001年，当华为高歌猛进时，任正非却发表了一篇《华为的冬天》。在这篇文章里，他给“狼性文化”下了一个定义，他认为“狼性文化”应当含有这些内涵：偏执的危机感、拼命精神、公司上下的平等、集中力量办事。华为的“狼性”其实是敏锐的嗅觉，是对客户、市场的关注。任正非教育员工要眼睛盯着市场，一旦看到“肥肉”，就要第一时间扑上去，不给竞争对手留下反应的时间。任正非经常强调要保持狼性，保持奋斗精神，要时刻铭记“生于忧患，死于安乐”的古训。

2.“乌龟精神”——锲而不舍地追赶

在很多领域，华为都不是开创者，但是华为十分擅长后发先至，在很短的时间内超过对手。只要是已经认准的目标，华为都会锲而不舍地做下去，即便存在很大的风险，也不会半途而废，这就是“乌龟精神”。龟兔赛跑，乌龟的速度比不上兔子，却能凭借永不放弃的精神一路向前，最终获得胜利。在任正非看来，“乌龟精神”就是在发现一个机会以后，便倾尽全力去做，实现后发式追赶。

3. “眼镜蛇特质”——灵活调整策略

眼镜蛇的特点是十分灵活，一次攻击不中之后，会立即调整自身，准备进行下一次攻击。任正非曾经表示，华为的组织架构应当像一条蛇一样，蛇头不断随需求摆动，身子的每个关节都用流程连接在一起，成为一个整体。

**多种战略逐步打开欧洲市场**

一直以来，中国企业都是充当“世界工厂”的角色，利润大多被贴牌的国外企业赚走了，中国本土的品牌要想走出去，会面临很多难题。首先是信任上的问题，在很多外国人的心目中，“中国制造”就是价格低廉、品质低劣的代名词。华为要走向国际，同样需要面对这个问题。

华为首先来到了冰天雪地的俄罗斯，俄罗斯刚刚经历了“休克手术”，经济一落千丈，但是对于一家初出茅庐的中国企业，俄罗斯人还是没有放下“老大哥”的架子，从内心里不看好华为。很长一段时间内，华为都没能取得任何进展，但是任正非明白，这里蕴藏着一个巨大的市场——电信普及率很低，而市场需求却很大。华为既然已经来到这里，就绝对不能轻易离开。于是，任正非要求华为的员工发挥“乌龟精神”，驻扎在俄罗斯，誓要“咬定青山不放松”。几个月以后，华为终于拿到了一个销售合同，价值38美元。这笔合同让华为人的心里五味杂陈。2000年以后，俄罗斯政治逐渐趋于稳定，经济回暖，华为的坚守终于迎来了回报。2003年，华为在俄罗斯的销售额超过1亿美元，华为在海外地区首战告捷。

接着，华为的脚步来到了法国。华为找到了阿尔斯通公司，开展了第一次合作。华为用超值的服务和诱人的价格，给阿尔斯通留下了很好的印象。2001年，阿尔斯通将华为介绍给法国电信运营商Neuf，促使了双方的合作。华为给Neuf开了一个无法拒绝的条件——以优惠的价格建设两座城市的网络。只用了两个多月，华为就将全部工作做完，超高的效率让Neuf印象深刻。

华为在法国一战成名的同时，任正非的团队来到了一海之隔的英国。英国是最早完成工业革命的国家，在技术上的积累时间最悠久，做事也最讲究规矩。英国电信有严格的市场准入门槛，要参加投标，必须首先经过它们的认证。华为当时还没有经过英国的认证，因此连招标的机会都没有。任正非很清楚，华为必须交上一份令人满意的成绩，才能获得英国人的信任。为此，华为成立了一个工作小组，由董事长孙亚芳亲自担任总指挥，由常务副总裁费敏全权负责，华为的多个部门如销售、市场、供应链、人力资源、财务等，都进入了紧张的“备考”状态。2003年11月，英国电信采购认证团来到华为，对华为进行了为期4天的考核。结果很不理想，华为在一些细节方面没能通过考核，例如一位开发人员没有采用任何静电防护措施，厂房的地上出现了一摊水迹，这些意外事件证明了华为在管理体系上并不成熟。华为决心走向国际化，就必须通过这一关。华为花了两年多的时间，耗费了数亿资金，学习现代化的管理体系，终于通过了英国的考验，正式入选英国电信“21世纪网络”的优先供应商名单。

进入这几个国家之后，华为已经在欧洲市场上站稳了脚跟，后来又凭借优秀的服务进入了德国和荷兰等国家，进一步扩大了在欧洲市场上的份额。华为的耐心和流程规范的做事方法打动了沃达丰，由此真正进入了一流电信市场，从而告别了开拓欧洲市场的蛮荒时期。

**▶▶华为启示录▶**

欧洲国家的技术储备非常深厚，这是从工业革命开始逐步积累的优势，而我国由于历史原因，在很多领域处于落后状态。很多中国公司在进入国际市场时，都会遭遇许多曲折和坎坷。华为是一家技术公司，但是在进入欧洲时，华为的名气还不大，甚至连很多中国人都没有听过这个名字，更别提远在西方的欧洲人了。当时欧洲人对中国制造的评价很不好，华为也遇到了这样的情况。

要进入欧洲市场，就得了解欧洲人的习惯，并且按照欧洲人的规矩办事。对华为来说，这是一次前所未有的考验。如果华为不能做到知己知彼，就很可能在国际市场上犯错。华为必须找到适合国际市场的方法，才能在不同文化的国家内找到生存的机会。

幸运的是，华为做到了，华为人用狼性的文化、乌龟的精神和眼镜蛇的变阵赢得了欧洲市场，也赢得了欧洲人的信任。

## 进入非洲和中东开辟“盐碱地”

### “农村包围城市”助力华为在非洲取得成功

在进军国际市场的过程中，华为来到了非洲。

欧美地区虽然市场广阔，消费水平高，但是竞争也很激烈，充斥着大大小小的电信运营商和设备供应商，华为要想在这些地区开拓市场，需要付出极大的努力才行。然而，一些贫困地区，却很少有人愿意去开拓市场，尤其是在非洲，这片古老的大陆就像一块亟待开垦的白地。而此时欧美企业正忙着争夺发达地区的市场，无暇关注这些地区。

经过研究，华为人决定再次走“农村包围城市”的道路，深入条件恶劣的地区，去那里开垦市场。为了抓住这难得的机会，华为从1996年就开始布局。无论是在疾病肆虐的非洲，还是在硝烟未散的伊拉克，或者是海啸过后的印尼，都有华为人的身影。这些新兴市场电话普及率低，进入门槛低，容易打开局面。

然而华为的路走得并不像想象中的那么顺畅，即便是在这些不发达地区，人们也不信任中国的技术，只信任国外先进品牌，因此华为在当地很少中标。当时负责开拓非洲市场的是邓涛，他说：“刚到非洲，面对25个国家共4.5亿人口、地盘差不多是中国两倍的一个陌生市场，没有人知道华为公司，甚至都不太了解中国，一切都要从零开始。”

在发展市场的过程中，华为人有过惊心动魄的经历。2006年，刚果（金）发生内乱，华为的三十多名员工被困在宿舍楼中无法脱身，唯一能做的就是默默向上天祈祷。在屋外，枪炮声此起彼伏，有时弹片还会飞到屋子里。

这种严酷的环境，对员工的身体素质和心理素质提出了极高的要求，因此留下来的大多是年轻人。这群年轻人把华为的“狼性文化”发挥得淋漓尽致，他们充满热情，有着极强的忍耐力，在异国他乡努力奋斗。最初，刚果（金）的市场几乎被阿尔卡特和西门子分割完毕，然而由于基础设施太差，加上疟疾横行，他们的员工都不愿意留在这里，工作的效率也大打折扣。华为就是在这样的条件下，凭借自己的努力，一步一步将对手反超，最终将业务覆盖整个非洲大陆。

### 用包容心打开中东市场

打开非洲市场之后，华为的脚步又来到了中东地区。和非洲大陆相比，中东地区的情况完全不同。中东国家不像非洲那样贫穷，因为这里有丰富的石油资源，尤其是沙特阿拉伯，有巨额的外汇储备，能够负担得起购买通信设备的费用。但是中东地区的宗教气息非常浓厚，文化特点与中国有很大的不同之处，华为必须要克服这些难点，才能真正做到让客户满意。

进军非洲需要克服环境的艰苦，而进军中东，则需要一颗包容之心。包容性强一向是中国文化的特征之一，正所谓“己所不欲，勿施于人”，华为希望得到客户的尊重，必须首先尊重客户。在接触的过程中，华为人发现，沙特人的家庭观念很强，他们希望有更多的时间跟家人在一起，而不是把工作当作生命的全部，因此工作效率没有中国人高。他们每天还要例行做祷告，祷告结束后才回来继续工作。

对于沙特人的这些生活习惯，华为表现出非常尊重的态度。因此，当华为人从中国飞到沙特以后，会感觉这里的工作氛围突然不那么“狼性”了。为了获得当地人的好感，华为还在当地举行大规模招聘，其中很多应聘对象还是来自沙特最好的大学，因此华为很快成为沙特人心目中的大公司。

2001年，美国爆发了震惊世界的“9·11事件”，随后美国对阿富汗发动了军事进攻，这件事给美国和阿拉伯世界都造成了非常不好的影响，也让西方国家的商业在中东地区步履维艰，却给了中国公司一个绝好的发展机会。华为与沙特科技城签订了谅解备忘录，决定加强双方在电信科技研发和人员交流培训等领域的合作。根据协议建立的通信技术培训中心将借助华为在电信领域的丰富经验，帮助沙特扭转电信市场专业人才匮乏的局面，同时为推动双方在未来的长期友好合作打下基础。偶发事件带来的商业机会虽然不是竞争的常态，但华为证明，它没有错过任何可能的发展机会。在交换机设备供应、基站建设和网络服务等方面，华为占据了朝觐通信服务领域的绝大部分市场份额。连续多年的出色表现，使沙特电信对华为颇为满意。

**▶▶ 华为启示录 ▶**

经过改革开放以来40余年，中国成为世界第二大经济体，成功地吸引了无数老牌跨国公司。可以说，在中国市场上，某些领域内的竞争是世界级的，在这种环境下脱颖而出的企业，一定具有非凡的竞争力。华为就是这样一家企业，它用自己的实践证明了中国式商业思想的价值所在，也使“中国科技”的威名传到了世界各地。

任正非在一次讲话中说道：“当我们计划国际化的时候，所有肥沃的土地都被西方的公司占领了。只有那些荒凉的、贫瘠的和未被开发的地方才是我们扩张的机会。”在国际市场上，华为最初很难和大型跨国公司进行正面竞争，因此华为继续采用“农村包围城市”的战略，首先占领欠发达地区的市场，再逐步走向发达地区。进入非洲和中东的同时，华为也在亚太、南美等地区进行布局。经过不懈努力，华为终于在这些地区找到了根据地，并以此为依托，对发达国家的市场形成层层包围，为最终进入高端市场做好了充足的准备。

# 第九章

## 对市场与客户重新进行规划

## 坚持普遍客户关系的原则

### 普遍客户关系就是不放弃任何一个客户

普遍客户关系是华为创始人任正非提出的经营理念，具体来说就是对待所有客户一视同仁，不因对方的份额小就缩减对客户的服务。当华为走过最初的艰苦岁月，朝国际化的一流企业前行时，普遍客户关系就是必然选择了。

2001年，中国正式加入WTO，中国本土的通信企业受到了外来企业的正面冲击，遭受了不同程度的损失，很多企业被迫进行战略收缩，而此时华为正在全球多个地区拓展市场，营业额不断飞升。骄傲情绪弥漫在华为内部，很多员工在面对客户时会区别对待，对大客户满面笑容，对小客户不理不睬。普遍客户关系就是在这时提出的。

任正非曾说："坚持普遍客户原则就是见谁都好，不要认为对方仅是局方的一个运维工程师就不做维护、介绍产品，这也是一票呀。""有人说省局见不到，到县局去总可以吧。有人说到县局多花汽油费，我们宁可多花汽油费，也不能停下来，也要沟通。""不要认为我们要讲节约，不下去跑能省钱。讲节约是讲不需要浪费的地方的节约，不该省的费用就不能省。""表面上看，我们不去做客户关系，停下来还能省几个亿的费用，动起来还要多花汽油费。但不能这样算成本。军队如果这样算成本，战时就毫无战斗力，都会不堪一击。”

在供应链方面，任正非用普遍客户关系的原则要求员工。在他的观念里，无论是向华为提供原材料的上游供应商，还是购买华为产品的下游客户，都是华为不可缺少的盟友，也就是人们常说的“利益共同体”。为了获得长期发展，企业需要善待所处的供应链，要坚持一种“普遍客户关系”的意识，去积极维护同合作伙伴的关系。

普遍客户关系与以客户为导向的理念是相辅相成的，从而确保华为在市场中保持高度敏感性，并使得华为能够一次次地把准市场脉搏。任正非特别强调了对中小客户关系的维护，在他看来，大客户固然重要，但是中小客户更要引起重视。因为大客户有公司高管负责，关系一般比较稳定，相比之下，中小客户更容易出现变化。假如长期忽略中小客户，未来一定会对公司的根基造成影响，不利于长期市场关系的提升。

### 向国际企业学习普遍客户关系管理

客户管理是企业的必修课程，它是企业的一种核心能力。华为的起点很低，早年从草根企业做起，因此最了解企业的生存哲学，也很擅长与客户打交道。在客户关系积累上，华为始终拒绝机会主义，注重日常的客户管理，其中的道理很简单，做生意固然要看利益，但同时也要讲情谊，没有人喜欢势利眼的企业，要想赢得客户的支持，就要在平时多投入一些精力。

在进入国际市场的过程中，华为一方面向国际先进企业学习硬件技术，另一方面也在向他们学习企业经营和管理，其中就包括客户关系管理。

起初，华为采用的是各自为战的管理方式，每个业务员负责维系自己的客户源，这给华为带来了巨大的订单量，却也造成了管理上的混乱。在华为与国际领先企业接触之后，才对客户关系管理有了更多的了解。任正非决心改变管理上的乱象，全面提升华为的管理水平。1997年，任正非率领团队前往美国，实地考察了休斯、朗讯和惠普三家世界级企业之后，又将考察重点放在了IBM身上。IBM公司的高层领导向任正非介绍了他们的管理内涵。接着，华为在IBM的帮助下，建立了很多管理模型和工具，其中就包括客户管理方面的内容。

另外，华为还跟竞争对手学习先进经验，来弥补自己的短板，如爱立信、思科等。从他们身上，华为学到了客户经理的岗位职责等内容。

在客户关系管理方面，华为坚持了许多年，直到2008年华为启动CRM变革项目群，对客户关系管理进行了增强，才终于建成一个完整的管理体系。

现在华为已经建立起了一个高度集中的客户管理体系，每年数千亿的销售额大多是从几百家客户中产生的。这些客户都是跟华为合作很多年的老客户，包括中国移动、中国电信、沃达丰等。与华为合作过的客户，都对华为的能力印象深刻，很多客户从华为成立就与其进行合作，一直持续到今天。

**▶▶ 华为启示录 ▶**

人与人之间有着千丝万缕的联系，而且中国人早就习惯了各种圈子文化。华为作为一家中国企业，同样要遵守很多不成文的行业规矩。然而进入国际市场之后，很多东西就不能再继续用下去了，必须接受现代化的经营理念。

因此，华为的客户关系管理具有鲜明的地域特色和时代特色，它是东西方文化结合的产物，是复杂矛盾努力调和下的产物。讨论华为的客户关系管理，能够帮助我们深入了解东西方社会环境，以及东西方在文化上的差异，进而做出合理的选择。

普遍客户关系是帮助华为实现市场目标的重要手段，它在华为和客户之间建立起了一道信任的桥梁，使得华为的价值受到客户的认可，从而接受华为的产品。从结果上看，这个策略取得了很好的效果，很多与华为合作过的企业都变成了华为的长期客户。

## 以客户为中心，培养工程商人

### 让技术工程师成为工程商人

什么是工程商人？

所谓工程商人，就是技术工程师和商人的结合，既懂技术，又懂市场，用商人的思维去做技术。

很多高科技企业都会面临这样一个难题：虽然公司拥有技术，却迟迟不能在市场上打开局面，最终无奈地被淘汰出局，或者被人收购。尤其是在互联网经济高速发展的今天，很多传统老牌企业已经很难跟得上时代的发展，他们虽然手握技术和人才，却并不知道真正的市场导向是什么，因此市场导向迟迟无法落到实处，最后变成空喊口号。

有些企业缺乏了解市场的职能和方法，所以对市场的反应比较迟钝，也不知道客户的真正需求是什么。在创新方面，他们的心里没有底气，不敢迈出关键的那一步，还是按照以往的经验做产品，为了眼前的利益断送了进步的可能，结果导致企业经营远远落后于市场，客户不断流失。

也有的企业步子迈得太大，短时间内对公司结构进行了巨大的改变，结果产品组合和业务模型变得愈加复杂，导致管理层在产品开发方面反应迟钝，并未取得想要的效果，反而与市场日益脱节，运作效果和效率明显降低。

总之，技术与市场的脱节，让很多企业逐渐走上下坡路。

华为是以技术起家的公司，自然也面临着这种问题，为了避免与市场脱节，任正非提出了一个鲜明有力的口号：让技术工程师成为工程商人！就是建立端到端的流程，从了解市场到产品开发，再到生命周期管理，流程中的每一步都是由客户的输入牵引的，每一步都直接面对客户。这种管理模式的核心在于它在技术和商业之间，找到了一个最佳的平衡点，既能保证技术的不断进步，又能提高公司的销售额。

把技术和商业结合起来，在世界上早有先例，微软就曾把技术商业化作为公司的战略付诸实施，只是细节略有不同。微软更强调人才战略，只找既懂技术又懂经营的精英人士，从根源杜绝该问题。最终，该策略帮助微软顺利崛起，成为市场上的领导者。

### 华为培养工程商人的三大要点

在企业里，兼顾市场与技术的工程商人是不可多得的人才，那么工程商人究竟要有哪些特质呢？

1. 服务意识

华为是一家以客户为中心的公司，要求每一位员工都具有服务意识，不论是在一线奋战的业务人员，还是在背后默默付出的研发人员，都要具有主动服务的意识。很多公司的工程师们只想着做技术，却不了解大众的喜好，对于一家以利益为目的的商业公司而言，这显然是不够的。技术人员要知道自己的工作是为客户服务的，要能够帮助客户获得独特的体验，我们的工作价值正是以这样的方式体现出来的。有了这样的意识，才会善于聆听，深入了解客户的需求，做出符合市场需求的产品。

2. 有效利用资源

老板和员工之间的差别是对资源的整合能力，身为员工，只需要做好眼前的事情即可，但是身为老板，需要将各种资源整合在一起，创造出新的产品来。工程商人同样要有整合资源的能力，要通过组织和协调，把企业内部的各项相关职能有效利用起来，整合成一个为客户服务的系统。此外，还要考虑到内部的平衡关系，做好沟通和协调，调动一切可利用的资源，合理控制产品成本，推进项目的顺利进行，保证产品按时、按量交到客户手中。

3. 把市场和技术结合起来

商业公司需要将技术变现成利益，否则就会在竞争中失败，至于变现何种技术，这就要靠公司的决策了。在过去的几十年时间里，华为正是凭借工程商人的理念，推出了一系列符合市场需求的技术产品，从而将一个个对手甩在身后。而那些痴迷于技术、无视市场变化的公司，则在历史中沦为配角。可见，市场接受的技术才是有价值的技术，富有技术含量的市场才是有生命力的市场，而要做到这一点，必须具备工程商人的头脑。

总之，企业不能让员工埋头做技术，而是要有服务思想，要接受市场的指导，在技术实力可支持的前提下，推出适合市场需求的产品，做到利润最大化，这样才能促进企业的平稳发展。

**▶▶华为启示录▶**

在美国新泽西州的茉莉山上，有一个特殊的研究机构——贝尔实验室，它曾是人类历史上最伟大的实验室。在过去的近一个世纪里，贝尔实验室在科技界无人不知，无人不晓，这里走出了11位获诺贝尔奖的科学家，研发出镭射、光纤、卫星通信、调制解调器、太阳能电池、电子麦克风和数字式计算机等技术应用。

1997年，任正非再次来到美国，在有限的时间内参观了贝尔实验室，留下了深刻的印象。任正非对贝尔实验室的创新能力赞叹不已，他在文章中写道："我们应该尊重他们，学习他们，批判地继承他们。"并且以贝尔实验室为学习对象，建立了多个华为研发中心。

然而，贝尔实验室并没有一直走下去，虽然美国电话电报公司和西方电子在其中不计成本地投入了海量资金，贝尔实验室也不负众望地产生了很多重大研究成果，但是它的科研活动没有走出实验室，相关的科研成果不能及时转化为市场需要的东西。最后，随着美国电话电报公司在1984年被拆分，贝尔实验室也进入了动荡时期，外界投入其中的资金逐渐减少，直至干涸。贝尔实验室的研究项目逐项被砍掉，科学家们相继离去，这个全球闻名的实验室终于人去楼空。

# 共生共荣——新的生存法则

## 将市场份额控制在1/3左右

2013年，华为迎来了难得的发展机遇，三大板块业务同步发展，包括通信网络设备（运营商）、企业网和消费电子，其中智能手机业务获得了历史性突破，Ascend P6的出现，让华为实现了品牌和利润双丰收。在营收方面，华为2013年销售收入为2390亿元，首次超越老牌对手爱立信，成为通信领域全球第一。人们猜测，华为接下来要做的肯定是逐步蚕食对手，在市场上占据垄断地位。然而，任正非给出的答案却截然相反，任正非说："我们很快要成为行业领导者了，一定要有正确的心态，若我们成为'成吉思汗'独霸天下，最终是要灭亡的。"

任正非的话语，让人们百思不得其解，这似乎不符合商业竞争的本质，毕竟对于商业公司而言，将对手全部击败，占领更多的市场份额，然后利用垄断地位尽可能地提高利润，才是最常见的做法。给对手留下生存的空间，甚至主动向对手示弱，却限制自己的生存空间，看上去非常不合理。

其实，我们只要对华为近些年来的发展加以分析，就可以知道其中的原因。近年来，华为的营收仍在不断攀升，利润和市场占有率也在稳步上升，但是总体上而言，提升的速度比较平稳，不再像创业之初那样成倍提升。华为的体量太大了，就像一艘万吨巨轮行驶在海洋上。此时的任正非反而比以前更谨慎了，在他看来，市场份额太少和太多都对企业的发展不利。份额太少，就会被边缘化，迟早面临死亡；份额太多，又会使人产生懈怠心理，同样不利于企业的发展。最好的状态，是保持合理的利润，维持合理的市场份额，在其他企业的督促下不断前进。

关于合理的市场份额，任正非划定了一条线，华为最多只能占据1/3的市场份额，剩下的2/3由其他各家分别占据。这样才能形成一个比较健康的竞争环境，同时又能保证华为自身的利益。

**打造共生共荣的和谐环境**

军人出身的任正非，一直以来强调“活下去”，一度想要把对手全部淘汰，从市场中脱颖而出。然而，这样做也有不好的地方，它让华为成长了起来，却也让其与对手产生了不愉快的经历。俗话说“得道多助，失道寡助”，任正非决定改善与竞争对手的关系，避免让华为成为市场上的众矢之的。为此，他多次强调要与对手进行合作分享，并且提出了“分享制”的构想。所谓“分享制”，就是建立一个新的生态圈，华为在其中只占少许利益，剩下的邀请其他企业来一同分享，一起将蛋糕做大。正如任正非所说：“就像西瓜切成八块，我只要一块。我跟日本的公司说，我绝不会去搞物理的，我就是搞数学逻辑。这样日本的公司就放心了，我不会泄露他们的材料技术。我跟微软也说了，我永远不会搞搜索，微软也就放心了。”

任正非的话语体现出了共生共荣的思想观念，各家企业在和平的环境下竞争，实现良性发展。这正像自然界一样，自然界中存在丛林法则，弱肉强食，可是各种生物也有共生共荣的关系，有高大的大树，也有卑微的小草，多种生物一起生活在土地上，才能形成良好的生态循环。

任正非说："华为应该成为行业规则的维护者而不是破坏者。" 2015年，华为在云计算大会（HCC）上，正式提出了"开放、协作、共赢"的云生态系统，这标志着华为已经摈弃了过去那种"你死我活"的斗争方式，而是努力与供应商及其他合作伙伴共建良性的商业环境。

**▶▶华为启示录▶**

华为的成长之路，是与中国经济崛起同步进行的。中国的大多数企业来到了全面转型的关键时刻，华为也不例外。随着华为的市场份额不断提高，华为的发展也开始步入追求高质量发展的新阶段。华为已经成长为一家巨型企业，实力远远超过普通企业，因此不需要担心眼前的得失。相比之下，未来的道路才是华为真正应该考虑的。

转型必然伴随着阵痛，产业升级之路往往是曲折的，不可能一帆风顺。很多时候，企业所谓的"成功转型"只是在短时间内坐稳了位置，实际上并没有将隐患消除掉。在市场环境瞬息万变的当下，任何一个"天花板"的到来都可能随时宣告企业生命的终结。

华为的管理层很早就开始思考这件事了，从一家小作坊最终成长为全球通信领域的领导者，可以说华为就是伴随着无数次的转型成长起来的。共生共荣的法则是华为向外界释放的善意信息，华为现在已经走到了行业领导者的地位，没有必要再用价格战的方式同其他企业争夺市场，而是应该用更健康的方式维持企业的运转，让整个行业都走上共同进步、良性发展的道路。

# 第四篇

# 盛世危言，不做昙花一现的英雄

面对现实，始终能够保持忧患意识，这是华为人的宝贵品质，也是苦难给华为留下的印迹。华为人不会忘记过去的艰苦岁月，他们深知，前方的道路依然充满艰险，挑战依然存在，盲目乐观只会将成果全部葬送。须知泰坦尼克号也是在欢呼声中沉没的。要想长久地生存下去，华为必须未雨绸缪，把有限的生命注入到永恒的管理优化中。

# 第十章

## 面对辉煌的胜利，更要保持清醒

# 泰坦尼克号是在欢呼声中沉没的

## 华为在寒冬中不断改革

2000年，互联网泡沫破灭以后，电子通信行业迎来了真正的冬天。华为却实现了逆势上涨，以220亿元营收额，29亿元利润位居全国电子百强首位。然而任正非却在这时发表了一篇文章——《华为的冬天》。在文章中，任正非大谈失败和危机，给华为的员工们泼了一盆冷水。文章中流露出的居安思危的精神，被无数人称道、学习。

很多华为员工想不明白，互联网的泡沫破灭，和自己有什么关系呢？毕竟华为是一家以通信设备制造为主的企业，并不是互联网企业。其实任正非的担心不无道理，他在文章中已经讲得很明确了："'沉舟侧畔千帆过，病树前头万木春'。网络股的暴跌，必将对二三年后的建设预期产生影响，那时制造业就惯性进入了收缩。眼前的繁荣是前几年网络股大涨的惯性结果。记住一句话：'物极必反'，这一场网络设备供应的冬天，也会像它热得人们不理解一样，冷得出奇。没有预见，没有预防，就会冻死。那时，谁有棉衣，谁就活下来了。"

许多年以后，当人们再次提起这些，都会对任正非当初的远见卓识感到钦佩。任正非在企业快速发展的时候，却能看到冬天的来临，居安思危，提早进行布局，带领华为闯过了一个又一个难关，终于成为今天的模样。相比之下，很多企业虽然起点很高，但是由于缺乏远见，在危机到来时尚不自知，最终只能一步步走向失败。从长期来看，任何企业都会遇到冬天，这不是“也许”，是“肯定”。

### 华为历史上的三次大改革

忧患意识伴随着任正非的一生，也伴随着华为的成长，华为历史上曾经遭遇过三次重大危机，为此发生过三次重大改革。

1. 1997年第一次改革

1997年，亚洲爆发了金融危机，泰国、印尼、韩国等国的货币大幅贬值，同时造成亚洲大部分主要股市大幅下跌，中国的经济也受到了一定程度的影响，许多公司被迫倒闭。这时的华为已从一个代理商变成初具规模的通信设备制造商，准备进入国际市场，可是华为的干部队伍不具备国际化的水准。在此背景下，华为发起了一系列管理改革措施。直到1999年，华为建立了一套完整的绩效考核体系、薪酬体系，以及任职资格体系，华为的第一次改革才宣告完成。

2. 2003年第二次改革

2002～2003年，华为迎来了第二次重大危机，也是华为前所未有的危机。当时华为正在向国际市场拓展，却遭到了思科的起诉，来自竞争对手的打击，让华为一时间陷入被动，业务增长放缓，人才流失严重。为了应对此次危机，华为一方面在法律上正面对抗思科，另一方面积极改造自身，提高自己的战斗力。2004年，华为实行EMT（经营管理团队）轮值制，以便降低个人决策风险，同时三级以上部门设立AT（行政管理团队）、ST（经营管理团队），以强化干部管理。

3. 2009年第三次改革

2008年，美国爆发金融危机，随后席卷了欧盟和日本，使得全球主要金融市场出现流动性不足的危机。很多中国企业遇到订单不足、用工量下降、业绩下滑等逆境，受到了不小的影响。在市场整体不佳的情况下，华为却实现了逆势增长，当年合同销售额302亿美元，被商业周刊评为全球十大最有影响力的公司之一。这一方面得益于华为的创新能力，另一方面得益于华为的管理体系。为了巩固自己的地位，华为在2009年实行了三大举措：一是成立片区联席会议，弱化片区；二是加强地区部；三是组成客户经理、解决方案专家、交付专家的“铁三角”，形成以项目为中心的团队运作模式。

通过这三次改革，华为成功地从逆境中走了出来，将不利因素化为有利因素，从而实现逆势上涨。可以看到，任正非一直都在努力保持华为内部的动态平衡。1997年，华为内部一片喜悦时，他站出来给所有人降了降温；2002年，华为处于动荡不安时，他考虑的是安全和稳定，站稳脚跟，一步步同竞争对手死磕；2008年，全球经济形势不好，他又要鼓励员工继续奋斗。

**▶▶华为启示录▶**

古人云：“生于忧患，死于安乐。”任正非把这句话深深地印在脑海里，并真正做到了知行合一。一直以来，任正非都用强烈的危机意识来提醒自己，即使是在华为高歌猛进时，他也没有被胜利冲昏了头脑。在众人的欢呼声中，他却在思考可能出现的危机。

没有人能够保证永远都在竞争中获得胜利，正因为如此，我们才要始终怀有危机意识，在任何时候都要保持警惕。一个人是如此，一个企业、一个国家更是如此，不论有过多么伟大的成就，缺乏危机意识，都会导致衰败的到来。

现代社会是一个充满了竞争的社会，信息交流的便捷也为企业的发展带来了无数的危机。在这个多元化的社会，任何企业都有可能面临危机，昔日的商业霸主，可能明天就会破产倒闭，这一点已经被许多企业证明了。

任正非深深地懂得这个道理，身处国际领先企业和国内友商的夹缝之中，他的危机感比任何企业都强烈。他反复对人说：“十年来我天天思考的都是失败，对成功视而不见，也没有什么荣誉感、自豪感，而是危机感。也许是这样才存活了十年。我们大家要一起来想，怎样才能活下去，也许才能存活得久一些。失败这一天一定会到来，大家要准备迎接，这是我从不动摇的看法，这是历史规律。”

## 盲目扩大规模等于饮鸩止渴

### 企业不可穿上“红舞鞋”

《安徒生童话》中记载了这样一则故事。有个贫穷的小女孩叫卡伦，自幼母亲去世，连双鞋子都买不起。后来，一位富有的老妇人收养了她，并且给她制作了很多漂亮的新衣服，还有一双红舞鞋。传说这双红舞鞋有魔力，穿上之后就能跳出美丽的舞蹈。卡伦非常喜欢这双红舞鞋，经常穿着它跳舞。有一天，她的养母生病了，而她正穿着红舞鞋参加派对。一个天使出现在她面前，判她终生跳舞，甚至死后也不能停，作为对她的惩罚。卡伦的舞鞋开始自己跳动了，但这一次卡伦脱不下来了。舞鞋不停地跳着舞，不分昼夜，穿过田野和草地，荆棘划破了卡伦的手臂。卡伦甚至不能参加养母的葬礼。卡伦找到了一个刽子手，求他砍掉她的脚，但是红舞鞋依然在跳。刽子手给了她一双木脚和一副拐杖，教她唱囚犯的圣歌。后来卡伦向上帝祈求宽恕，天使再次出现在她眼前，宽恕了她，她终于从红舞鞋的魔咒中解脱了。

任正非说：“我现在想的不是企业如何去实现利润最大化的事，而是考虑企业怎么活下去，如何提高企业的核心竞争力的问题。”任正非经常强调，“企业不可穿上‘红舞鞋’”，卡伦为了虚荣穿上了红舞鞋，付出了惨痛的代价，企业如果为了诱惑而盲目扩大规模，就会像卡伦一样穿上致命的“红舞鞋”。“红舞鞋”往往披着美丽的外衣出现在企业家们面前，如果没有强大的责任感和清醒的头脑，企业家们很容易掉入陷阱中。

国际管理大师彼得·德鲁克曾说：“在迅速扩张的公司里成长起来的人，当企业进入一个巩固和调整的时期时，他们可能恰恰成为毁灭公司的力量。”因为这些人经历过创业初期的成功之后，对未来充满了自信，他们会往往试图将成功保持下去，就像穿上“红舞鞋”一样。在欲望的刺激下，他们会盲目扩大生产规模，希望将利润最大化，而不是想着如何提高竞争力。他们会把这种行为美化为“平衡生存与发展”，殊不知生存是发展的前提，盲目扩大规模，会给企业带来沉重的负担，极易导致市场过度饱和，价格大幅下跌，产业效益急剧下滑，让企业在发展中既争取不到核心竞争力，又白白浪费了很多资源。

**要想长远发展，必须保持合理速度**

市场竞争是残酷的，落后就会被淘汰。表面上看，盲目扩大规模可以提升企业的实力，实际上是在做无用功。更有甚者，还会给企业的发展带来负担，从而降低企业的战斗力。

很多人认为创业就应该把公司快速做大做强，最好成为世界500强，在纳斯达克顺利敲钟，这样才能算是成功。因此很多人进入了一种经营上的误区，他们喜欢盲目扩大企业规模，做梦都想着获得融资，然后上市。但是理想很丰满，现实很骨感，企业必须经受市场的检验，大浪淘沙之后，活下来的才是真的勇士。

《孙子兵法》中有句名言：“昔之善战者，先为不可胜，以待敌之可胜。”意思是说，善于打仗的人，总是会先确保自己不会被敌人打败，然后等待对方出现失误，再一鼓作气打败对方。

这个道理同样适用于企业经营和管理，企业必须首先保证“活下去”，然后才能谈得上发展。纵观华为30多年的历史，就是靠着“先为不可胜，以待敌之可胜”的理念，用“结硬寨，打呆仗”的方式，一步步发展壮大，取得了辉煌的成功。

任正非说：“企业必须保持合理的增长速度。企业不发展，什么问题都来了；企业的各种难题，也只有在发展中才能得以解决。我们必须达到和保持高于行业平均的增长速度和行业中主要竞争对手的增长速度，以增强公司的活力，吸引最优秀的人才和实现公司各种经营资源的最佳配置。在信息和通信技术产业，要么成为领先者，要么被淘汰，没有第三条路可走。”

华为的主要经营范围是制造业，需要建立起庞大的供应链体系。在任正非看来，华为的扩张必须考虑到供应链的能力，也就是说，公司的扩张必须建立在供应链的基础之上，因为华为也是供应链中的一环，不能脱离整体谈发展。如果供应链的其他各个方面都还不成熟、完善，此时扩大企业规模无异于自取灭亡。

**▶▶华为启示录▶**

在外界看来，华为的成长速度实在太快了。在2018年财报中，我们可以发现华为的销售收入达到7212亿元人民币，同比增长19.5%；净利润达到593亿元人民币，同比增长25.1%。拥有如此庞大的企业规模，同时又能保持这样的成长速度，不可谓不惊人。但是这并不代表华为在盲目扩大规模。

华为的成功，依赖于强而有力的领导集团。在这个核心集团里，除了任正非以外，还有孙亚芳、郭平、徐直军、梁华、胡厚崑等人。他们采取轮值CEO的方式，确保了核心集团的活力，同时也能够让华为内部听得进外界的批评。

华为始终将焦点放在主价值领域，集中优势资源，就是为了提升自己的竞争力，而不是单纯地扩大企业规模。相对于办公大楼的规模，华为显然更重视作战队伍的规模，注重提升作战的能力，增加直接作战的队伍，以及提升他们的作战质量。

# 把生命注入永恒的管理优化中

## 打造小团队作战的“铁三角模式”

“铁三角模式”是华为著名的制度创新，是华为在优化管理的过程中形成的特殊模式。它的主旨是把以往由客户经理主导的单兵作战，转变成以客户经理、解决方案专家、交付专家组成的工作小组，形成相互配合、协同前进的小团队作战。也就是说，将原本由客户经理全权负责的工作一分为三，让解决方案专家和交付专家加入进来，以便更加灵活地应对客户的需求变化。

“铁三角模式”是华为从一次失败中总结出来的。2006年8月，华为公司在苏丹参与投标，原本只是一次简单的移动通信网络项目招标，华为的代表团信心十足，认为自己一定能中标，结果却意外落选了。在分析会上，大家对此次失败进行总结，得出三个主要原因。

第一，各部门缺少配合，导致信息沟通不畅。某个部门已经对客户做出了承诺，其他部门却不知道，结果使客户产生了疑虑。

第二，各部门关系复杂，业务松散，未能形成统一的作战团队。客户在与华为接触的过程中，往往涉及很多个部门，这就给工作带来了不便，常常需要跑很多次，才能将问题圆满解决，此前这一问题就曾数次遭到客户的抱怨。

第三，由于组织结构松散，各个部门只顾自己的业绩，对于客户的需求，缺少主动出击的欲望，因此难以把握客户的深层次需求。

为此，华为决定让苏丹代表处率先进行改革试验，组成利益挂钩的战斗小组，以客户为中心，协同客户关系、产品与解决方案、交付与服务，甚至商务合同、融资回款等部门，实现客户接口归一化。客户经理、解决方案专家、交付专家，共同组成了一支战斗力强悍的管理团队，被称为“铁三角”。

### 让听得见炮声的人做决策

任正非是一个非常现实、谨慎的人，对于人性，他从来都不会抱过多的希望。他明白，即使是世界上最勤奋的人，也会有懈怠、懒惰的一面。虽然华为有“狼性文化”，也有战斗力强悍的“铁三角”团队，但是华为依然不能放松，团队的长期懈怠，一定会导致战斗力丧失。任正非一针见血地指出：“队伍不能闲下来，一闲下来就会生锈。”因此，华为必须不断对管理进行改革。

华为最初是一家以技术为中心的企业，在发展过程中，逐渐转向以客户为中心，如何对管理进行调整，始终是一个困扰着华为的难题。既不能偏离市场，也不能被科技落下，华为抓准了管理的本质，即对人才的管理。因此，华为的历次管理优化都是围绕着一个核心点进行的——让听得见炮声的人做决策。

“让听得见炮声的人做决策”这个观点是由任正非提出的，据说这是任正非从电影中得出的灵感。一次他在观看一部老电影《莫斯科保卫战》时，对其中的一个片段印象深刻：德军已经打进了苏联境内，听到炮声的红军战士来到军需仓库门口领取武器，军需官却不同意发放武器，理由是没有得到上级的批准。任正非看完电影之后，总结出了一个经验——必须让听得见炮声的人做决策。

站在企业管理的角度，“听得见炮声的人”就是那些奋战在一线的工作人员，包括工程师、销售员、业务代表等，他们总是能够近距离接触客户，对市场的变化感受颇深。

对于像华为这样规模如此庞大的企业而言，层层汇报的缺点非常明显，且不说需要花费时间，就算是所有报告都呈现在董事会面前，他们也不可能处理完堆积如山的文件。因此，企业必须做到权利下放。让一线的工作人员做决策，就是要让他们在最快的时间内做出判断和应对，避免失去先机。

**▶▶华为启示录▶**

要想在竞争激烈的市场中存活下来，企业必须面对来自两方面的挑战：内部管理和外部环境。事实证明，相对于残酷的外部环境，内部管理更应该值得我们重视，因为我们很容易看到外在的威胁，却往往忽略了提升对自身的管理。每一家企业都应该将优化管理时刻放在心上，用管理来为企业创造重大的价值。

经过几十年的发展，中国的很多企业已经达到了世界级规模，但是同一些国际老牌企业相比，我们在内部管理优化上仍然存在明显的不足。最典型的现象是以业务导向为主，把开展业务放在了企业管理的首位，一切为了业绩，却忽略了管理平台的搭建。要知道一个良好的管理体系是一切业务顺利开展的基础保证，如果企业缺乏良好的管理体系，迟早会为此交上一大笔学费。

# 第十一章

## 未雨绸缪是华为不断前进的活力之源

# 自我批判精神要一直传承下去

**坚持自我批判，杜绝懈怠心理**

现在的华为风头正劲，员工很容易产生懈怠心理，这是大部分企业都会面临的问题。面对这个问题，企业一般通过激励和淘汰两种方式促使员工保持激情和活力，但是这仍然不能从根本上解决问题。因为懒惰是人类与生俱来的本性，这种本性同样会传染给企业，尤其是一家规模庞大、财富较多的企业。当企业员工失去了向外扩张的上进心，接下来的内斗就是无法避免的了。面对这种问题，逃避是没有用的，我们唯有正视自身的弱点，并且有效地解决它，才是企业发展的良策。华为是怎样解决这个问题的呢？答案是自我批判。

华为的成功，建立在坚持不懈的艰苦奋斗精神上，如今华为已经非常强大了，和任何对手对抗都可以不落下风，华为的失败只可能是内部瓦解。正如华为轮值董事长郭平所说："堡垒最容易从内部攻破，也最容易从外部加强。"为了保持健康的发展，华为在人力资源管理方面一直坚持自我批判，经常提出整改要求，将影响企业健康发展的"毒素"及时清除掉，让企业能够持续生存。华为的唯一使命就是活下去，这也正是任正非所坚持的人力资源管理哲学。

自我批判精神至今仍然是华为的核心精神之一，并且在公司的日常管理中得到了体现。2018年1月17日，华为公司内部网站上发出了一封公司文件，文件中显示，因“部分经营单位发生了经营质量事故和业务造假行为”，华为公司对主要责任领导作出问责。具体通报如下。

近年，部分经营单位发生了经营质量事故和业务造假行为，公司管理层对此负有领导不力的管理责任，经董事会常务委员会讨论决定，对公司主要责任领导作出如下问责，并通报公司全体员工：

任正非罚款100万；

郭平罚款50万；

徐直军罚款50万；

胡厚崑罚款50万；

李杰罚款50万。

这些都是华为的高层管理人员，任正非是华为的创始人，郭平、徐直军、胡厚崑是华为的副董事长、轮值董事长，而李杰则是监事会主席。若非他们自己愿意接受批判，很少有人能够强迫他们接受这样的处罚，可见他们是在用自己的行动给华为全体员工做表率。

**提倡自我批判，慎用互相批判**

批判有两种，一种是自我批判，另一种是互相批判。批判的难点在于走极端，自我批判的极端是隔靴搔痒，没有指出问题的实质，看似在批判，指出的也是问题，其实是蜻蜓点水，浅尝辄止；而互相批判的难点在于容易结怨，如批判人语气过重，或者揭露了隐私，可能会让对方产生嫉恨。

凡事都有个度，批判也是一样。自我批判和互相批判都应该确立一个前提。自我批判的前提是深入问题的本质，要深入剖析自己的内心想法。互相批判也要确立一个前提，即坦诚相待、互相帮助、不许记仇，既要把问题切中要害地指出来，又要让受批者感受到是真诚的关心、真心的帮助。人们对坦诚和虚伪的感受，如同皮肤对温度的冷暖的感觉一样，如果你的批评是真诚的，他终究会感受到其中的善意。

华为提倡自我批判，对于互相批判，任正非的态度就谨慎得多，他说："自我批判从高级干部开始，高级干部每年都有民主生活会，民主生活会上提的问题是非常尖锐的。有人听了以后认为公司内部斗争真激烈，你看他们说起问题来很尖锐，但是说完他们不又握着手打仗去了吗？我希望这种精神一直能往下传，下面也要有民主生活会，一定要相互提意见，相互提意见时一定要和风细雨。我认为，批评别人应该是请客吃饭，应该是绘画、绣花，要温良恭让。一定不要把内部的民主生活会变成了有火药味的会议……我希望各级干部在组织自我批判的民主生活会议上，千万要把握尺度。要细细致致地帮人家分析他的缺点，提出改进措施来，和风细雨式最好。"

华为更喜欢让干部们带头进行自我批判，要求干部们不断从自身找问题，把部门存在的问题摆在台面上，让大家献计献策，讨论出具体的解决办法。一方面是因为干部们在华为的时间更长，对各方面情况都比较了解，更容易深入问题的本质，做出符合现实情况的分析。另一方面也是因为干部们的心理素质普遍更强一些，对发言的尺度也有更好的把握，避免造成队伍之间的矛盾。

还有一点更重要的原因是干部懈怠比员工懈怠更可怕，产生的影响更恶劣。领导是一帮什么人？是一帮永远富于冒险精神的梦想家，也就是说企业的领导必须像永动机一样长期保持激情和活力，保持持续的奋斗精神，这是一个企业能够走下去的关键。

**▶▶华为启示录▶**

20世纪90年代，一位美国经济管理学家针对企业管理提出了三个问题：企业过去靠什么成功？有哪些因素阻碍了企业的发展？企业如何面向未来？

针对这些问题，华为给出的答案是：始终艰苦奋斗，团队腐化丧失战斗力，始终坚持自我批判。这是华为对过去成功的经验进行了系统的总结、提炼和深化，也是基于对以往经验的继承而形成的华为独有的企业文化。华为用自我批判、自我超越的理念，对企业未来可持续发展进行了一次系统化的思考。

一家企业是否拥有批判精神，往往一定程度上决定了企业能否走得长远，因为企业就像人一样，也是在不断成长的，优秀的企业总是能够进行自我批判，重新审视自己的能力，从而接受新事物、新观念，进而取代陈腐的、跟不上时代发展的旧事物、旧观念。

任正非曾多次强调，华为这座大厦能否稳定下来，取决于华为人能否坚持自我批判。自我批判精神是华为文化的一部分，不能融入华为的文化，就肯定不能做好干部的职责。任何一个华为员工都要遵守华为人的行为准则，任何一个华为干部都要发扬自我批判的精神，并且有所创造。

# 远渡重洋，向IBM学习管理之道

### 华为需要“脱胎换骨式的改变”

在华为的成长过程中，有一家企业起到了巨大的指导作用，它就是IBM。可以毫不夸张地说，没有IBM的帮助，就没有华为日后的成功。

当华为利用“群狼战术”，以及“农村包围城市”的战略，逐渐在市场上站稳脚跟以后，公司的弊端也逐渐显现出来。比如流程复杂、效率低下、管理混乱、官僚主义盛行等。这是很多公司都会遇到的问题，俗称“大公司病”。如果继续下去，华为可能会成为一盘散沙，而不可能成为战斗力强悍的团队。

为此，任正非决定对公司进行一次大改革，帮助华为走上国际化的正轨。1995年，华为斥资1000万元从美国和德国分别引进了一套先进的管理系统。但是在落实的过程中，没有起到理想的结果，不仅没能缓解管理上的难题，还白白浪费了巨额资金。1997年，任正非来到了美国，走访了一批高科技名企，终于让他重获希望。

在参观完休斯、朗讯和惠普等公司以后，任正非的脚步来到了IBM，这是一家极具美国特色的企业。在圣诞节前夕的钟声里，IBM的高层领导热情地迎接了华为团队的到来，其中包括CEO路易斯·郭士纳。

路易斯·郭士纳用了整整一天时间，向任正非详细介绍了IBM公司的工作流程。为了帮助任正非更好地理解IPD（集成产品开发），IBM副总裁还特地送给他一本哈佛大学出版的关于研发管理的著作。读完之后，任正非才发现原来朗讯、惠普等企业也采用了这样的研发模式。

尤其让任正非感到敬佩的是，IBM也刚刚从阵痛期中走出来。在郭士纳接手之前，IBM两年累计亏损了160亿美元，市值也一落千丈。紧急时刻，郭士纳走马上任，开启了IBM的转型之路，只用了一年时间就让IBM扭亏为盈。

这一切，都让任正非为之心动，他希望华为也能拥有同样的管理能力，不但自己要以郭士纳为榜样，而且华为必须虔诚地拜IBM为师，不惜一切代价将其管理精髓移植到华为身上。这是华为成为世界一流企业的必经之路，也唯有如此，华为才能逐步走向规范化、职业化和国际化。

## 数十亿元学费引领华为走向成功

离开IBM之后，任正非迅速召集了华为的高层管理人员，督促《华为基本法》的加快出台，并且宣布华为与IBM合作的“IT策略与规划”项目正式启动。在这个项目中，约定华为在3～5年向IBM学习IPD（集成产品开发）、ISC（集成供应链）、IT系统重整等8个管理变革项目，为此华为付出了数十亿元人民币。

在向IBM学习管理的过程中，华为经历了“先僵化，再优化，后固化”的三个步骤。

首先，IBM将自己总结的管理模式悉数搬到了华为，在华为的一切细节都与IBM总部保持一致，甚至连办公室里的陈设都一样。目的只有一个，就是让华为尽快理解、消化和细化IBM的管理模式，在此基础上初步构建自己的产品开发流程和管理体系。用任正非的话来说，就是“削足适履”，严格遵循IBM的要求，在很长的时间内逐步改革，让员工逐渐接受。力求快刀斩乱麻，将华为从原始落后的管理模式中快速解脱出来。这个过程很不好受，却是必须经历的。

其次，在现有的管理基础上不断探索，优化创新。华为接受了IBM的管理模式之后，还要在实际工作中不断摸索和市场对接的方式，结合本地化的项目管理做出一些创新。

最后，当华为在现实中总结了足够多的经验以后，再进行沉淀，简化创新。华为总结了不同领域的管理模式，以应对从B2B的市场转向B2C需要的更灵活的战略思维，这才有了华为终端新型业务开发的“黑科技矩阵”模式。

在IBM的帮助下，华为经历了一系列的改革，管理水平得到了很大幅度的提升，营业收入也翻了几番，客户满意度逐年提升。任正非十分感慨：“是IBM教会了我们爬树，我们才爬上树摘到了苹果。”

**▶▶华为启示录▶**

学过历史的我们都知道，夜郎自大、闭关锁国会让一个国家陷入危难之中，这个道理对于企业来说同样适用。虚心学习才是企业迅速崛起和发展壮大的必经之路，也是唯一之路。任正非斥资几十亿元，向IBM请教管理模式改革，可谓大手笔，最后也得到了丰厚的回报。

清代启蒙思想家魏源曾向国人发出了振聋发聩的呼声：“师夷长技以制夷。”今天的中国也正是凭借这种理念，在短短几十年内实现了国家的快速崛起。任正非也深谙此道，他说过：“如果我们不向美国人民学习他们的伟大，就永远战胜不了美国。”

直到今天，IBM带来的管理改革仍然在华为内部有着深远的影响力，华为人将IBM尊称为自己的“第一位老师”，其管理模式的影子在整个公司的体系中随处可见。华为十多年的学习和摸索，实质上是向西方先进公司学习技术管理的过程，也正是这一过程让华为在技术研发上达到了世界级的管理水准。

## 未雨绸缪才能避免危机

### 无论何时，都不能失去危机意识

2018年4月16日，美国商务部以违反禁令为由，对中兴通信下达禁令，禁止美国公司向中兴销售任何商品、软件和科技产品，为期7年。一时之间，中兴公司几乎陷入休克。尽管之后美国政府取消了禁令，但是一石激起千层浪，中国企业缺少核心科技的短板再次引发社会各个层面的关注。

中兴事件也引起了华为的高度重视，再次激发起华为人的危机意识。无时不在的危机意识正是敦促华为不断前进的动力之一，华为的自我批评、自我努力超过了很多企业。正因为具有清醒的危机意识，华为才可以在高手如云的通信行业存活下来，并且越活越好。

即便是今天，在已经拥有强大的研发能力的前提下，华为仍然保持着清醒的危机意识。在2016年全国科技创新大会上，任正非代表华为做了《以创新为核心竞争力，为祖国百年科技振兴而奋斗》的汇报发言，他说："随着逐步逼近香农定理、摩尔定律的极限，而对大流量、低时延的理论还未创造出来，华为已感到前途茫茫、找不到方向。华为已前进在迷航中。"

**自愿降薪，让员工保持清醒的危机意识**

在30多年的发展历程中，华为一直在巨大的压力下艰难地生存。可以说，华为的危机意识完全是被迫养成的。在危机意识的影响下，华为人经常进行自我反省，时时警醒自己失败随时到来，进而及时修正航向，解决危机，这是华为快速成长的秘诀。

为了保持清醒的危机意识，华为设计了各种管理上的措施，唤醒全体员工的责任感和危机感，自愿降薪就是这种危机意识的体现。

自愿降薪发生在2003年，当时华为的销售额及利润都比上一年大幅度降低，颓废的情绪弥漫在公司内部。为了将公司里的颓靡之风一扫而空，华为发起了自愿降薪。春节刚刚结束，陆陆续续返回华为的员工们看到了这样一种景象：400多名总监级别以上的干部来到人力资源部，交上了一封封申请书，请求降薪10%。经过审核，华为批复了其中的362份，剩余的干部仍旧保持原有的薪资水准。

对于这件事，任正非给出了自己的解释："二战结束后，德国一片瓦砾，德国工会起到很大的作用，工会联合起来要求降薪，从而增加企业活力。这使我很感动，德国工人把企业的生死存亡看得很重。我们也不能把员工培养成贪得无厌的群众。我们要向员工的太平意识宣战。现在的市场是十分严峻的，外国厂家拼命倾销，令中国企业不堪重负。我们有员工提出，为什么不建华为大厦让自己免费居住？为什么不实行食堂吃饭不要钱的政策。既然公司花很多钱支持希望工程，提供寒门学子基金，还要支持烛光计划。不管公司经济上能否实现，这些要求都反映了员工的太平意识，这种太平意识，必须要长期受到打击，否则公司就会开始迈向没落。现在公司的自愿降薪就是用演习的方式进行打击。"

华为发起自愿降薪，从高层干部下刀，目的是警醒公司的全体员工，让员工们舍弃太平意识，重新唤回危机意识。华为希望员工明白，当下的繁荣只是过眼云烟，如果过惯了太平日子，丢掉了危机意识，华为恐怕就离倒下不远了。因为长久以来，华为正是利用对手的懈怠一步步实现反超的。

**▶▶华为启示录▶**

市场上总是充满了激烈的竞争，犹如一座黑暗森林，每个企业都是穿行其中的猎人，每天都在上演着弱肉强食的戏码。在前行的过程中，有的企业被一时的胜利冲昏了头脑，忘掉了自身所处的危险环境，结果很快就被淘汰了。“永远战战兢兢，永远如履薄冰”，这是海尔总裁张瑞敏的生存理念；“最好的时候，也就是最危险的时候”，这是三株总裁吴炳新的经验总结；“企业家还具有很高威望，大家都很崇敬他的时候，就是企业最没有希望、最危险的时候”，这是任正非的人生哲学。

古人云：“生于忧患，死于安乐。”没有人能够永远胜利下去，即便是再强大的国家，失去了危机意识，也会有覆灭的一天，这已经被历史反复证明过了。企业也是一样，现代社会是一个竞争激烈的多元化社会，任何企业都有自身的弱点，都会面临各种各样的挑战，今天的繁荣昌盛，不代表明天仍会继续下去。无论是享誉世界、规模庞大的跨国公司，还是默默无闻、为数众多的中小企业，都难逃危机的侵袭。所以，我们时刻都要保持危机意识，避免成为下一个倒下的企业。

# 第十二章

## 坚定不移的正确方向来自灰度、妥协与宽容

# 灰度哲学是领导者的重要素质

## 任正非的灰度哲学

人们常说“功必赏，过必罚”，但是现实世界往往并不是黑白分明的，而是在黑与白之间还存在着大片的灰色空间。“一个清晰方向，是在混沌中产生的，是从灰色中脱颖而出的，方向是随时间与空间而变的，它常常又会变得不清晰，并不是非白即黑、非此即彼。合理地掌握合适的灰度，是使各种影响发展的要素，在一段时间和谐，这种和谐的过程叫妥协，这种的和谐的结果叫灰度。”

2009年，任正非写下了一篇文章——《管理的灰度》。在这篇文章中，他再一次提出了领导人的境界：“一个领导人最重要的素质是方向、节奏。他的水平就是合适的灰度。”所谓灰度，就是独立于正确和错误之外的空间。所谓灰度管理，就是用发展的眼光看待问题，寻求管理以及系统的整体和谐和平衡。

华为的成功正是来源于灰度哲学，很多人只看到了华为的成功，却很少知道华为的失败经历。其实在华为内部，有很多研发团队的理念和实现方式是不一样的。华为允许失败，因为研发总是伴随着失败，失败是为了下一次的成功做准备。华为也允许适度浪费，鼓励内部试错，允许组织内创新，这就是华为的“灰度空间”。

任正非深谙此道，他曾经明确表示：“灰度是常态，黑与白是哲学上的假设，所以，我们反对在公司管理上走极端，提倡系统性思维。”“我们在组织改革，以及干部设置上也要注意灰色，要有弹性。不要走极端，不要一味地追求低潮时期的合理化，而高潮到来时，望洋兴叹，成了一个叶公好龙的案例。坚持实事求是，坚持合理的弹性，我们既反对教条主义，也反对经验主义。”

事实证明，对员工的束缚越多，就越难做好管理工作。企业往往容易走进两个极端：要么是制度烦琐导致活力丧失，要么是管理松散，一盘散沙。灰度管理是在对这两种情况进行综合考虑之后得出的结论。既反对教条主义，又反对经验主义，任正非看重的是实际情况，而不是只存在于理论中的数据。也正是由于这样，任正非始终坚持充分放权，让华为的员工拥有更广阔的空间。如此一来，员工们才能真正变成战斗力强悍的野狼，而不是脖子上套着锁链的柴犬。

### 灰度哲学意味着开放、妥协和包容

一直以来，任正非都以对下属要求严格而出名，尤其是对高级管理人员的工作能力和工作态度都有很高的要求。但是在灰度哲学的影响下，华为的文化中被注入了一种开放、妥协和包容的灵魂。任正非推崇灰度哲学，他信奉多元文化共生共存的现实理念，而不是黑白分明誓不两立的理想状态。正是在灰度理论的支配下，任正非强调开放与妥协，崇尚合作精神与建设性，反对“斗争哲学”。

30多年以来，华为人的脚步几乎遍布全球，从落后的非洲国家，到发达的欧美国家，华为人与世界上非常有名的政治人物、商业巨子、科学家等人物进行过无数次沟通，极大地提升了华为人的视野。而任正非有可能是中国企业家中与全球各界人士交流最多、交流层次最高的人，这使得他成为中国非常卓越的企业思想家之一。

与外界频繁交流，让华为人养成了开放的心态，也认识到了妥协的重要性。在很多人看来，妥协是弱者的行为，是软弱和意志不坚定的表现，真正的强者永远不需要向别人妥协。然而人的能力都是有限的，越伟大的人，越能够感受到自己的渺小；越伟大的人，越能感受到妥协的重要性。古希腊哲学家苏格拉底就曾说："我唯一知道的就是我一无所知。"

妥协是与现实的一种交换，是一种让步的艺术。为了达到主要目标，可以在次要目标上做适当的让步，妥协也是一种美德，而掌握这种高超的艺术，是管理者的必备素质。在华为，坚持正确的方向，与妥协并不矛盾，只要有利于实现目标，一切因素都可以妥协，通过妥协减少阻碍，总比不撞南墙不回头要好得多。

妥协与开放共同构成了灰色管理哲学，这是华为企业文化的精髓，也是任正非的领导风范。华为之所以能够走到今天，其中一个很重要的原因就是华为信奉兼容并蓄的灰度哲学。没有宽容就没有妥协；没有妥协，就没有灰度；没有灰度，就很难有审时度势的正确决策。

**▶▶华为启示录▶**

如今的社会正处于瞬息万变的时代，传统的管理思想已经很难完全满足当前的社会形势，墨守成规可能会给企业带来意想不到的弊端。那些极度讲究流程和精准的公司，未必就能取得良好的效果。

很多公司过于迷信管理，以为有了现代化的管理系统之后，公司的运行就可以高枕无忧。殊不知管理是由人执行的，再好的管理系统也有漏洞。用成熟的流程管控公司，似乎避免了内部的冲突和纷争，但企业运行机制的官僚化日益明显，产品、研发按部就班，员工与部门有可能只对流程负责，而不对结果负责。这样的话，企业的创新能力必定下滑，自发的创新能力将日渐萎缩，这会使企业的创新能力日渐萎靡，最终落后于对手，落后于时代。

在华为，相对于理论，人们更加看重结果。虽然华为花了数十亿元的学费，从IBM那里学到了先进的管理模式，但是任正非并没有迷信管理模式，他仍然坚持认为理论要联系实际，IBM的管理模式也要同华为的实践相结合，否则早晚会出乱子。因此在高度成熟的管理体制之外，任正非仍然时刻强调灰度管理的重要性。

# 淡化领导人的个人色彩

## 用制度代替个人英雄主义

任正非曾对华为30年来的成功进行了一次总结，他认为华为的成功建立在三条基础之上：第一，华为建立了一支强有力的领导班子，并且始终坚持开放，听得进批评，能够做出正确的决策；第二，华为有严格的制度和规则，确保公司上下有章可循，而且这个制度与规则是与时俱进的；第三，华为拥有艰苦奋斗的精神，从而培养起一支庞大的、勤劳勇敢的奋斗者团队。

这三条内容可以简化为领导班子、规章制度、奋斗团队。这三条内容并不是一开始就有的，而是在漫长的发展岁月中逐步建立起来的。实际上，华为最初是由任正非一个人说了算，公司里里外外都由任正非一人决断，甚至连董事长的职位都没有。后来，华为受到外界的质疑，任正非既要处理内部事务，又要回应外界的质疑，这让他深感压力。经过谨慎思考，他在公司会议上提议由孙亚芳出任董事长，负责外部沟通与协调，自己则继续担任总裁一职，专攻内部管理。

经过无记名投票，孙亚芳全票通过，正式成为华为新一任董事长。孙亚芳上任之后，不负众望，她用卓越的表现证明了自己的实力。从此，华为的对外活动上频繁出现孙亚芳的身影，而一向不喜欢高调示人的任正非则退居幕后。

现在，任正非早已不再负责华为的具体事务，仅仅成为一个精神领袖，在关键时刻鼓舞华为人。华为用成熟的干部体系，取代了任正非的英雄色彩，从而走上了一条规范化的职业道路。

### 从必然王国走向自由王国

1998年，任正非在文章中说："人们只有走进了自由王国才能释放出巨大的潜能，极大地提高企业的效率。"

自由王国出自马克思主义哲学，与必然王国是两个相对的概念。必然王国是指人们对社会历史的必然性尚未认识和掌握，因而受到自然界和社会的支配和奴役。自由王国则是指人们已经掌握了自然界发展变化的规律，成为自然界和社会的主人，从支配和奴役中解放出来。马克思主义哲学认为，人类的历史就是一个不断地从必然王国向自由王国发展的历史。

必然王国和自由王国的概念，被任正非创造性地运用在了企业管理中，从而得出了一套崭新的管理理论。对于企业来说，自由王国就是要用科学的管理做到职业化。职业化水平较高的企业就像一个拥有生命的独立个体，它不会受到任何一个不合理决策的阻碍，而是会主动调整经营决策，朝着有利于自己的方向发展。

华为最初的管理属于必然王国，那时的华为条件非常艰苦，以任正非为代表的第一代创业者们"力出一孔，利出一孔"，所有人都被捆绑在一起，必须凭借艰苦奋斗才能让公司在激烈的市场竞争中活下来。公司发展壮大之后，华为开始重视自身的国际化建设，华为要淡化企业家的个人色彩，强化职业管理，以推动和导向企业的正确发展，走向未来的自由王国。

任正非从不否认那些与华为共同成长的功勋元老的贡献，他们是真正的英雄，但是他也非常清楚，华为应当拥有自己的生命，它真正需要的是管理，它的发展不能受到任何一位员工的制约，为此华为必须淡化个人色彩。华为需要每一位员工向英雄学习，但是这不代表个人主义可以在华为扎根。

**▶▶华为启示录▶**

企业管理成熟的标志之一是接受灰度的哲学观念。任正非的灰度哲学不是简单地移植欧美发达国家的企业管理理论，而是融汇中国传统的哲学，结合中国企业的发展实况，用现代管理的方法使之标准化。因此，灰度管理哲学既具备西式管理的科学性和严谨性，又避免了“水土不服”的问题。

灰度哲学让任正非对企业管理有了更深的领悟，他要将华为打造成一个各项体系十分完善的组织，离开了任何人，组织都能继续运转下去。因此，在公司完善各项管理制度时，任正非选择了淡化个人色彩，强化管理，形成职业管理阶层，“无为而治”是他的最终目标。

在这个现实的世界里，不能用理想化的方式来做企业，管理者不可能把所有的事情都掌控起来，因此必须选择灰度，淡化个人色彩，用妥协的方式换取整体的平衡。管理者要解决的冲突关系，不仅仅存在于组织内部，还存在于对组织外部关系的管理。而在实现灰度过程中的妥协，是有其前提的、目标明确的、把握程度的妥协，而不是无底线的妥协。

# 企业领导要学会做“无事人”

**关键时刻，学会做一个“无事人”**

做一个“无事人”，这是任正非历经多年总结出来的道理。

40多岁被裁员，又和妻子离了婚，拿着东拼西凑借来的2万余元创立了一家小公司，这时的任正非几乎到了山穷水尽的地步，然而人生就是如此奇妙，当黑暗越来越浓时，黎明或许就在眼前。华为成立之后，陆陆续续拥入了一大批人才，任正非不得不感慨，知识的更新速度太快了，快得让他没有学习的时间。他必须承认：“在时代面前，我越来越不懂技术，越来越不懂财务，半懂不懂管理。如果不能民主地善待团体，充分发挥各路英雄的作用，我将一事无成。”

自此，任正非领悟了一个道理：做领导，应该学会做一个“无事人”。面对这个充满了不确定性的世界，自负或者自卑都是无用的。你该怎么办？你得相信群众是真正的英雄。你要敬畏每一个员工无穷的潜能，你得敬畏团队巨大的能量。在父亲的帮助下，任正非从简单朴实的爱出发，搞了一套经济股份分享制度，来激发每一个一线员工的积极性和主动性。

几年以后，公司又出台了《华为基本法》，《华为基本法》对公司过去的成功经验进行了总结，同时确定了华为二次创业的观念、战略、方针和基本策略，构筑了公司未来发展的宏伟架构。但是光有《华为基本法》还不够，还需要更具体的管理体系。于是，华为又请来了IBM等公司，来帮助华为进行体制和流程建设。至此，任正非成了一个“无事人”。

### 创造轮值制度，提升企业活力

一直以来，华为的改革能力都是非常强的，这离不开华为独创的轮值制度。华为的轮值制度，经过了三个发展阶段。

第一阶段：2004～2011年，轮值COO（EMT轮值主席）

1999年，华为内部通过任正非推举、公众投票的方式，正式任命孙亚芳为董事长，任正非把公司对外交往、公共关系等担子卸下，集中精力做企业内部管理，获得了很好的效果。但是很快华为出现了意外状况，李一男出走，郑宝用淡出管理层，任正非开始思考团队管理企业模式。任正非在文章中回忆说：“大约2004年，美国顾问公司帮助我们设计公司组织结构时，认为我们还没有中枢机构，不可思议。而且高层只是空任命，也不运作，提出来要建立EMT（Executive Management Team，经营管理团队），我不愿做EMT的主席，就开始了轮值主席制度，由八位领导轮流执政，每人半年。”

第二阶段：2011～2017年，轮值CEO

轮值CEO制度是华为的一项创新，初创于2011年，轮值主席制度经过两个循环，变成轮值CEO制度。轮值CEO在轮值期间是华为公司最高的行政首长，更多的是关注公司的战略，进行制度建设。并且将日常经营决策的权利进一步下放，授权给各BG、区域，以推动扩张的合理进行。确定之后，一直延续到现在，对华为的发展起到了非常重要的作用。

任正非在《一江春水向东流》中回忆道："经历了八年轮值后，在新董事会选举中，他们多数被选上。我们又开始了在董事会领导下的轮值CEO制度，他们在轮值期间是公司最高的行政首长。他们更多的是着眼于公司的战略，着眼于制度建设。将日常经营决策的权利进一步下放给各BG、区域，以推动扩张的合理进行。这比将公司的成功系于一人，败也是这一人的制度要好。每个轮值CEO在轮值期间奋力地拉车，牵引公司前进。他走偏了，下一轮的轮值CEO会及时去纠正航向，使大船能早一些拨正船头。避免问题累积过重不得解决。"

第三阶段：2018年~至今，轮值董事长

2018年，华为在原有的管理制度的基础上，将管理模式再次升级，开启了轮值董事长制度。轮值董事长的任期为五年，参与轮值的每一位董事长的任期为六个月。华为官网上公布的管理层信息显示："董事会是公司战略、经营管理和客户满意度的最高责任机构，承担带领公司前进的使命，行使公司战略与经营管理决策权，确保客户与股东的利益得到维护。公司董事会及董事会常务委员会由轮值董事长主持，轮值董事长在当值期间是公司最高领袖。"

从轮值CEO的出现，再到轮值董事长，华为通过一步一步的改革，将自己打造成了一家集体决策的公司，绝不允许"一言堂"的出现。

**▶▶华为启示录▶**

在《道德经》中，老子提出了"无为而无不为"的理念，任正非的"无事人"也是同样的道理。无为并非什么都不做，而是要遵循企业管理的规律，尊重人的个性。无为管理并不是不管理，而是管理系统达到了有序，形成了规律，成为一种自然而然的管理状态。有所为有所不为，是一种独特的思维方式。要达到无为而治的境界，首先要求企业的管理者与被管理者的思想意识必须达到高度统一，并且在工作中有着较强的责任心。

世界著名的管理大师彼得·德鲁克说：“我们无法左右变革，我们只能走在变革的前面，变革是无法避免的事情。”作为企业的管理者，必须对企业进行不断变革，才能保证管理满足企业的生存和发展，华为的管理变革之路就是对这句话的最佳诠释。

从创业初期的事必躬亲，到发展壮大后的简政放权，华为一直在不断改进管理制度。任正非从华为的一把手，变成一个“无事人”，这说明了华为的管理理念：要把华为打造成一家现代化的企业，而不是只属于任正非个人的商业帝国。

# 第五篇

## 展望未来，永远比对手领先半步

著名学者劳伦斯·米勒曾经说：“今后的500强企业将是采用创新企业文化和创新文化营销策略的公司，且最终的竞争优势在于一个企业的学习能力以及将其迅速转化为行动的能力。”纵观人类历史，那些很优秀的企业都有很强的创新精神，在日新月异的21世纪更是如此，唯有具备强大的创新能力，方能在知识经济的时代站稳脚跟。

# 第十三章

## 领先半步是先进，领先三步是先驱

# 大机会时代，拒绝机会主义

## 未来是互联网时代，也是大机会时代

2015年，“大数据”和“互联网+”这两个陌生的新名词出现在公众的面前，并且很快引发了人们的热议。多种形式的互联网应用蓬勃发展，使得用户对流量的消费需求越来越高，同时也给企业带来了新的商业机会。

在很多行业，我们都可以发现互联网的踪迹，“互联网+”的范围正在向各个行业渗透。“互联网+”极大地影响了人们的生活方式，淘宝、京东等互联网电子商务平台让人们足不出户即可买到自己想要的商品，余额宝让人们有了全新的理财方式。据华为发布的预测，2025年产业互联网涉及的领域和规模将达到82万亿美元，占全球GDP的50%。

可见，互联网作为一种先进的生产力，已经对人类社会产生了巨大的影响。在通信方面，互联网给人类社会带来了颠覆性的影响。在过去，手机只有通话和短信功能，现在移动互联网却可以实现视频聊天。作为一家通信技术公司，华为自然不甘落后于时代。虽然任正非一直强调不要妄谈工业4.0，“超前了社会实际，最后会成为‘夹心饼干’”，但是在行动方面，华为并没有止步不前，而是不断超越。

对于华为而言，互联网时代充满了机遇，华为要做的是积极抢占机遇，在下一个风口占据上风。例如，在时下大热的5G技术方面，华为拥有1600多项5G核心专利，并且已经向全世界输送超过一万个5G基站，这些都能够让华为在即将到来的5G时代占据更大的话语权，从而分享到更多的利益。在云计算方面，华为的云服务已经遍布全球130多个国家和地区，建立了超过400个云数据中心，按照客户企业的自身条件和现实需求提供定制化的云服务，在众多云服务厂商中崭露头角。

**要抓住机会，但不能一心“赚快钱”**

“大机会时代，拒绝机会主义”是华为人的共识，华为的多名高管在讲话中都曾谈到这个理念。

2015年博鳌亚洲论坛在海南召开，华为消费者业务CEO余承东出席了博鳌之夜，并且发布演讲，他认为“互联网+”为各个行业赋能越大，企业肩负建立行业新秩序的责任越大。倡导在“互联网+”大机会面前，拒绝机会主义，应心怀梦想、脚踏实地，共同构建良好的行业生态新秩序，迎接美好未来。

华为副董事长、首席财务官，同时也是任正非之女的孟晚舟曾在清华大学发表过一场演讲，在这次讲话上，她说：“华为在大机会时代，拒绝机会主义，始终聚焦管道战略。过去28年来，华为抵抗住了很多‘赚快钱’的诱惑，拒绝今天的快钱，才能持续赚到钱。”

接着，她向大家讲述了华为坚持投入和研发的历程：“华为从不追求当期利润最大化，保持对未来的持续投入。人们看见了我们在经营上的成功，没看见我们在冰山下的努力。2015年，华为研发投入高达596亿，占销售收入的15%。过去10年，华为累计投入2400亿元进行研发创新，17万员工中研发人员占比高达45%。未来几年，华为每年的研发经费将会超过

100亿美元，其中15%～30%投入基础技术研究和创新。用今天的钱，建明天的能力。在自我创新的同时，华为坚持开放式创新。华为与全球逾百所高校及研究机构合作，与2位诺贝尔奖获得者、100多位院士、数千名学者同行。”

虽然互联网技术对人类社会产生了很大的影响，但是商业的本质是不会变的，企业仍需“以客户为中心”，了解客户的需求，并且努力将其需求实现。华为是商业驱动型企业，更是技术驱动型企业，艰苦奋斗的精神刻在了华为的骨子里，因此华为能够不惜成本地投入研发，逐渐构建起属于自己的核心竞争力，尤其是在底层技术上的领先。以消费者业务为例，华为手机之所以取得了优秀的销售业绩，很大一部分原因是信号、续航、拍照等方面的领先，构成了华为手机超越对手的综合实力。

任正非认为，在互联网时代，企业仍然要保持冷静，不能被眼前的事物迷惑了双眼。虽然互联网思维已经对传统的商业模式造成了巨大的冲击，但是在任正非看来，互联网只是提供了一个媒介，让消费者和企业之间的距离被拉近，最终的决定因素仍将是产品。

**▶▶华为启示录▶**

互联网是一种伟大的工具，它可以为人们带来美好的未来，但是通向未来的道路注定是非常曲折的。长期以来，中国企业走的都是扩张式的、资源掠夺式的高速发展道路，缺乏自主研究和自主创新，然而现在市场上的需求量没有得到大的提升，产能却已经过剩，于是中国经济不得不进入转型期，过去那种高消耗、高污染、低附加值的企业注定会被淘汰。即便是互联网企业，也存在着一定的不合理之处，越来越激烈的市场竞争，会将不合理的产能淘汰出局。

与此同时，许多行业也开始了大洗牌，在“马太效应”的影响下兼并整合，逐渐走向集中和垄断。在产能过剩的情况下，市场无法容纳太多的企业，于是很多企业都会被淘汰出局，最终只留下几家实力强大的企业，这是一个必然趋势。例如，在二十世纪八九十年代，中国的通信市场上生存着很多企业，但是在短短的几十年里，只有寥寥几家公司活了下来。

企业要抓住机遇，但不能只想着“赚快钱”，否则就会沦为投机客，还是应该修炼“内功”，从多个方面提升企业的竞争力。这是华为上下一致认同的观点，也符合华为的价值观。

# 顺势而动，积极开拓新业务

## 华为三大业务齐头并进

在跨国企业高层圈，这样一种共识正在形成：与华为业务上没有交集是值得庆幸的，成为华为的竞争对手则是不幸的。

这种体会不只是华为早期的竞争对手诺基亚、西门子有过，阿尔卡特、朗讯有过，爱立信有过，随着华为三大业务板块的确立，现在的苹果、思科、三星都有了切身体会。

经过前两年调整，华为目前的业务有三大板块，即运营商网络、企业解决方案和消费者终端。

1. 运营商网络业务

这是华为的传统业务，也是他们的营收主力。2019年3月29日，华为公布了2018年财报，数据显示，消费者业务营收达到3489亿元人民币，同比增长45.1%，占据总收入48.4%；运营商网络业务收入2940亿元，占据总收入40.8%；企业业务收入744亿元，占据总收入10.3%。从这些数字中可以看出，消费者业务已经成为华为的第一收入来源，而运营商业务仍然具有极高的分量。

2. 企业解决方案业务

和其他两项业务相比，华为的企业业务体量很小，尚处于萌芽阶段。虽然企业业务现在的营收不高，但是市场空间很大，比现在的电信网络市场前景更好。华为企业业务BG的CEO徐文伟说：“面对宽带业务，多媒体及移动化、社交化的时代，网络正在从关注技术和设备，向以业务、用户和体验为中心转变。”

在华为的预估中，未来几年内，全球企业业务市场的规模可能会急剧扩张，那时华为将会建成企业的第三根强大的支柱。

3. 消费者终端业务

与运营商网络业务相比，消费者终端业务的运作方式完全不同，尤其是面向消费者的移动智能终端业务。一直以来，华为把眼光都放在技术和价格上，缺乏与消费者沟通的经验，走了很长的弯路。很长一段时间内，消费者业务都是华为的配角，但是在2018年，消费者终端业务一跃成为华为最主要的收入来源。

### 从ODM白牌运营商定制向OEM华为自有品牌转型之路

华为副董事长郭平说，以前华为是“有什么技术，就提供什么服务”，但是随着时代的发展，这条路已经走不通了，智能手机和移动互联网技术的快速发展，让人们对未来有了更多的遐想，也对产品有了更高的要求，市场已经从供给驱动转变为了需求驱动。消费者不再满足于被动接受厂商提供的产品和服务，而是有了更多的想法和要求，迫切希望厂商能够将其变为现实，因此我们会发现有所谓的“极客精神”“发烧友”、定制版产品等。

最初，华为和中兴等企业一样，延续了以往的经营方式，与运营商合作生产定制机，也就是所谓的白牌机，机器上印刻的不是华为的LOGO（商标），而是运营商的标志。但是这种经营方式并没有发展起来，华为甚至差点儿把手机业务卖掉，只是由于遇到了金融危机，才未能成功出售。

为了推出更有冲击力的产品，华为内部做出了一次大变革，要从ODM白牌运营商定制，向OEM华为自有品牌转型，最终在市场上建立中高端智能厂商的形象。2009年，华为在西班牙举行的“世界移动通信大会”上展示了华为自主生产的首款安卓智能手机，但是销量惨淡，一年的销量只有二三百万台。

事情的转机发生在2011年，华为原欧洲总裁余承东临危受命，负责管理手机业务。余承东上任之后，很快开始大刀阔斧地改革，他坚定地认为，华为一定要面向消费者做手机，而不是面向运营商做手机，他力主放弃销量很大但利润微薄的超低端功能手机，并且启用华为自主研发的海思处理器和Balong芯片。余承东的志向很大，他立下目标：华为将会超过苹果和三星。余承东在微博中写道：“自从负责华为消费者业务后，我们做了几个大调整。1. 从ODM白牌运营商定制，向OEM华为自有品牌转型。2. 从低端向中高端智能终端提升。3. 放弃销量很大但并不赚钱的超低端功能手机。4. 启用华为海思四核处理器和Balong芯片。5. 开启华为电商之路。6. 启动用户体验Emotion UI设计。7. 确立硬件世界第一之目标！”

尽管收获了无数嘲讽，但是历史的发展证明，华为确实在朝着这个方向前进。

**▶▶华为启示录▶**

华为成立以后，大部分精力都放在了B2B通信行业，慢慢塑造起一个优秀的全球化品牌，并且将竞争对手一一击败。尽管华为一直强调要“以客户为中心”，但是在消费者业务上，华为需要面对的是另外一群完全陌生的人——消费者，与政府和企业客户不同，消费者的购物思维往往更复杂、更多样化，有时候，即便是一件小事，也可能会影响消费者对品牌的印象，导致消费者改变购买决策。因此，华为最初在消费者业务上碰了钉子，迟迟没能打开市场。

华为并没有因为一时的挫折仓促放弃，反而越战越勇，利用自己的技术积累，继续深耕消费者业务，最终在短短几年之内，就成为国内手机厂商中的领头羊，并且成为苹果和三星最强劲的竞争对手，可见，华为的深厚技术功底正在发酵。

战略决定高度，战术决定成败。在新技术的浪潮下，华为没有坐以待毙，而是积极求变，提前进行布局，开拓新的业务，试图建立更多的营收渠道。现在，华为的消费者业务已经成长为第一大营收来源，而运营商业务的占比则在缓慢下降，这说明华为的战略已经获得了成功。

小米公司创始人雷军说：“站在风口上，猪都能飞起来。”人类科技的高速发展，必然会催生无数种新的产业，未来的新品牌将会如雨后春笋般涌现。华为已经站在新技术、新时代的前沿。从华为的一系列动作来看，华为正在通信、手机、华为云等多个领域进行布局，试图达到品牌叠加效应。

## 多领域布局，抢占未来的智能社会

### 人工智能可能是泡沫，但别害怕泡沫破灭

人工智能是近年来的热词，受到全球人的共同关注，对于人工智能的未来，很多人满怀期待，但是也有人持悲观态度。

2019年1月，任正非在深圳接受了多家媒体的采访，回应了记者从各个角度提出的问题，其间也谈到了人工智能的前景问题，任正非坦率地说："对于人工智能，它有可能是泡沫，但别害怕泡沫破灭。"这正是华为对待研发和创新的真实态度：对于未来，华为要牢牢把握机遇；对于失败，华为也有承受的勇气。

在此之前，轮值董事长徐直军在华为全联接大会上对外正式公布了"达芬奇项目"，这是华为内部对人工智能发展项目的代号，也是华为在人工智能领域最重要的一次进化，它代表着华为不仅在芯片领域进军人工智能，也在研究软硬件结合的解决方案，最终为用户提供全场景的服务，与谷歌开发的人工智能学习系统Tensor Flow有相似之处。

当国内厂商热烈讨论人工智能，并且将精力主要放在PAAS（平台即服务）上时，华为已经在此领域跨出了超前的一步，首次在IAAS（基础设施即服务）上进行布局，并且制定了一套自有深度的学习架构。相比之

下，华为的做法不仅超前，而且大胆，因为这不仅意味着巨额的投入，还意味着要承担失败带来的高风险。

多年的技术积累，和每年超过销售收入10%的研发投入，让华为更有胆量，更有信心。和单纯的互联网公司不同，华为的业务涵盖了通信、终端、网络、云服务，在软件和硬件领域都有丰富的经验，因此才能对人工智能有更深的理解。

### 构建万物互联的智能世界

2017年11月20日，在华为公司愿景与使命的研讨会上，任正非对所有参会人员郑重表示："华为立志：把数字世界带入每个人、每个家庭、每个组织，构建万物互联的智能世界。"

聚焦万物互联，是华为的一项长期战略，华为要做的是努力推动智能社会的前进。华为轮值CEO胡厚崑在2018年新年献词中说："展望未来，5G、物联网、云计算、人工智能等新兴技术迅速走向规模化商用，行业数字化转型正进入深水区，以'万物感知、万物互联、万物智能'为特征的智能社会即将来临。我们既要关注满足客户长远需求的产业和技术,把握技术创新与商业变革的趋势；更要关注客户在数字化转型过程中所遇到的现实挑战，通过帮助客户解决问题实现商业成功来持续为客户创造价值。华为未来能够继续成功的关键在于两点：一方面，战略要瞄准正确的大方向，但并不追求精确，要为适应不确定性留下调整的空间；另一方面，要让日益庞大的组织始终充满活力。要做到上述两点并不容易，我们要有战略自信，坚定不移地往前走。"

为了实现万物互联的战略，华为对产品线进行了梳理，并且逐渐形成了四大产品线：B2B产品线，包括交换机、基站建设等相关通信产品，这些产品主要是向中国电信、中国联通、中国移动以及国外电信公司提供；B2P产品线，包括技术咨询、软件、定制服务等，主要是向企业客户提供系统解决方案；B2C产品线，主要是华为和荣耀两个品牌，推出智能手机、智能穿戴用品等；云产品线，包括华为云、AI、大数据、仿真等技术整合。

这四大产品线构成了一组功能互补的组合，所有产品以客户为核心，围绕着人工智能形成了一个同心圆。华为的战略思路非常清晰，就是要在技术相通的领域发力，逐步打通产业链。

**▶▶ 华为启示录 ▶**

目前人类社会的大趋势是向数字大陆迁移，而人工智能是其中的核心。对于人工智能，人们有很多美好的想象，期望它能够再一次实现产业革命，帮助人类将社会生产力提升一个新的台阶。华为董事、公共及政府事务部总裁陈黎芳对人工智能进行了一个简单的描述："我们所处的物理世界，将会实时映射到数字世界中，这就是'数字双胞胎'。人工智能技术在数字世界中发挥出作用，使我们每个人的个体能力在物理世界中得到增强和延伸。自动驾驶、虚拟网络游戏、远程教育、远程医疗，实质就是把物理世界中的司机、老师、医生乃至游戏伙伴等个体的能力，进行了极大的增强和延伸。那么，未来还有哪些能力、哪些职业会得到拓展和增强，我觉得这个空间是非常非常巨大的。就看我们的想象力了。"

华为试图在消费者和数字世界之间建起一座沟通的桥梁，并希望能够通过自己的服务将一个美丽的虚拟世界带给每个人，这是一个走向新世界的过程，而我们有幸参与其中。

# 第十四章

## 有价值的创新才是真正的创新

# 企业创新就要“反幼稚”

## 对最终的产品负责才是成熟的创新

很多人认为，创新能力的高低决定了企业的生命力，然而现实往往并非如此，有很多研发能力极强的公司，最后仍然陷入破产、倒闭的困境，例如美国的贝尔实验室，曾经拥有众多重大发明，包括晶体管、激光器、太阳能电池、数字交换机、通信卫星、电子数字计算机等，但是由于其所有者阿尔卡特朗讯长期亏损，贝尔实验室最终仍然难逃衰败的命运。

华为也有过盲目追求技术的时期，但是没有取得好的效果，反而导致华为在生产过程中出现了很多劣质产品。任正非对这种情况进行了反思，认为根源在于公司上下对于创新的认识出了问题。

于是任正非再次发挥了领路人的作用，他带领华为上下进行了一次大反思运动，华为内部人员称之为“反幼稚”运动大会。任正非将所有不合格的产品都堆放在台上，并对设计人员说：“‘神奇化易是坦途，易化神奇不足提’，数学家华罗庚这一名言告诫我们不要把简单的东西复杂化，而要把复杂的东西简单化。那种刻意为创新而创新，为标新立异而创新，是我们‘幼稚病’的表现。”讲完了设计人员的“幼稚病”以后，任正非将这些产品全部发放给了那些设计人员，要求他们带回家里，时刻提醒自己：研发和设计上的幼稚，会导致公司遭受大笔损失。

很多公司的创新理念是对科研成果负责，而华为的创新理念是为了产品负责。也就是说，创新不能脱离实际，要为现实服务。从事新产品研发未必就是好的创新，对老产品进行优化也未必不能创新。正如任正非所说："现在在座的所有人都必须对产品负责，产品犹如你的儿子，你会不会只是关心你儿子的某一方面？你不会吧。一个产品能生存下来，最重要的不是它的功能，而只是一个螺丝钉、一根线条，甚至一个电阻。因此，只要你对待产品像对待你的儿子一样，我想没有什么产品是做不好的。"

### 创新的根本在于高效益

众所周知，创新精神是一家企业前进和发展的动力之源，如果失去了创新精神，迟早会被市场淘汰。创新精神意味着勇于抛弃旧思想、旧事物，创立新思想、新事物，例如不满足现有的产品，不断尝试新的造型和功能。但这不代表创新精神可以脱离实际，因为企业的第一要务是"活下去"，这也是华为人的人生信条。企业创新必须围绕当前的实际情况去做，能够给企业带来效益的才是合格的创新。很多时候，企业发明了一项创新，却没有受到消费者的认可，有的甚至连产品都做不出来，只能成为研发人员的自娱自乐，对企业毫无帮助。

任正非是个信奉实用主义的人，对待产品研发和创新，他的态度是企业创新必须以市场为导向，以消费者为目标，盲目创新和过度创新都是不可取的，这样的创新会导致技术"过剩"，对企业和消费者都没有好处。在创新的同时，也必须考虑产品的销量问题，只有这样才能使产品更加适应市场，并进一步使企业在市场中站稳脚跟。

《华为基本法》讲道："在设计中构建技术、质量、成本和服务优势，是我们竞争力的基础。日本产品的低成本，德国产品的稳定性，美国产品的先进性，是我们赶超的基准。”任正非考虑问题时，总是以企业的生存为第一要务，即便是产品设计，也不能脱离技术、质量、成本和服务优势等考量，否则就很难构筑起华为的竞争力。

正是由于这个原因，华为的产品经理总是比其他厂家的产品经理更加全能，他们不仅要对产品的研发负责，还要兼顾生产和售后，真正实现了产品生命线一体化的管理方式。通过这种做法，可以使管理者建立起商品意识，将科研成果更好地转化为能够推到市场上的产品，尤其是开发出受市场欢迎的产品。

**▶▶华为启示录▶**

20世纪90年代，美国高科技企业铱星公司设计了一套全球移动通信系统，虽然他们使用的是当时最先进的技术，但却忽略了市场的不成熟，结果项目匆匆上马，前后投入数十亿美元，仅每月的财务费用就高达4000万美元。高成本的技术投入，必然带来价格高昂的产品，远远超出了人们的消费水平，得不到消费者支持的铱星公司只能宣布破产。

纵观铱星事件的整个过程，我们会发现创新能力并不意味着一定会成功，因为高科技往往意味着高投入，而高投入会带来高风险，任何产品最终都要接受市场的检验，盲目发展以及对市场错误估计的代价是惨重的。

## “鲜花插在牛粪上”的创新逻辑

### 产品创新不能脱离企业的能力范围

华为是以技术起家的公司，一直都很看重自主研发，并且凭借自己的研发实力逐渐在市场上站稳脚跟，但是华为在产品创新方面比较保守。任正非曾经说：“华为长期坚持的战略，是基于‘鲜花插在牛粪上’战略，从不离开传统去盲目创新，而是基于原有的存在去开放，去创新。鲜花长好后，又成为新的牛粪，我们永远基于存在的基础上去创新。”

创新是美丽的鲜花，牛粪又是什么呢？根据任正非的话，我们可以将其理解为企业试图构建的价值平台，也就是企业的能力范围。鲜花的生长，离不开牛粪的滋养，产品的创新也离不开企业实际能力的支持，否则产品创新的失败概率就很高。例如，阿里巴巴和腾讯是国内实力最强的两家互联网公司，他们的“牛粪”不同，开出来的“鲜花”也不一样。阿里巴巴的强项是平台化的运作能力，他们擅长服务企业，而不是直接服务于消费者，因此在社交和娱乐方面，阿里巴巴始终不如腾讯；但是在面向企业方面的服务，腾讯总体上又不如阿里巴巴。

这样一来，我们就可以理解，为什么任正非要强调“鲜花插在牛粪上”了。因为任正非在看重创新的同时，还强调创新的可靠性，除非经过了充分的论证，否则不要在一个完全陌生的领域妄谈创新。

“鲜花插在牛粪上”的战略具有非常明确的现实意义，技术创新终究要回到实际运用上来，能够创造价值的创新，才是企业需要的创新。事实上，中国在某些领域已经拥有世界顶尖的创新能力，但是还没能完全转化为实际运用。相比之下，技术上的差距容易弥补，而企业运行机制上的差距却不容易弥补。正是出于这方面的考虑，任正非才一再强调“鲜花插在牛粪上”。对于那些已经被证明具有广阔前景的创新，尽管研发的难度很大，华为也会努力去做。

从华为的发展轨迹上，我们就可以发现这一点。华为最初是以通信起家的，属于运营商业务，之后涉及的消费者业务和企业业务都是在通信公司的基础上发展起来的，其中消费者业务是建立在通信技术的“牛粪”上，而企业业务则是建立在普遍客户关系的企业文化上。

### 产品创新必须立足于企业整体

在产品创新方面，华为一直坚持从整体布局，首先设定一个大的战略方向，然后将目标细分为一个个具体的创新条目，最后进行单点突破。对于产品线单一的企业来讲，采用单点突破就足够了，但是对于产品线较多的华为来说，光有单点爆破的思维是不够的，必须要有长期布局的思维。

任正非总是说：“科学家可以什么都不管，一辈子只研究蜘蛛腿的一根毛。对科学家来说，这是可以的。但是对我们呢？我们只研究蜘蛛腿，谁给我饭吃？因此，不能光研究蜘蛛腿，要研究客户需求……”

对于华为目前的研发和创新，任正非认为还有进步的空间：“第一是在全球的布局不够，第二是对新技术的收购不够。如果你们孤芳自赏，自我膨胀，最后可能会丢失最佳时机。”

在谈到企业研发和创新的战略思维时，任正非总是喜欢引用毛泽东的经典理论，他认为，打仗要有战略思维，要把每一场战役看成是全局战争的有机展开部分。一场战役如果对全局战争的推进是没有价值的，那么即使能胜利也不应该去打这一仗。任正非对其进行引申和拓展，得出了一套系统的创新理论：企业创新不能仅仅着眼于开发一个新产品，而是应该着眼于开发一个消费主题，这个消费主题对应一块战略版图，这个战略版图可以持续孵化有竞争力的新品。每一款新产品的推出都应该有助于推进全局的胜利，沿着消费主题去开发，每一个新产品的成功都能为下一个新产品的成功提供技术和经验的积累，“鲜花长好后，又成为新的牛粪，我们永远基于存在的基础上去创新”，从而达到良性循环。

**▶▶华为启示录▶**

美国政府对中兴发出的制裁令，在中国引起了一波探讨创新的热潮，人们清楚地意识到，只有坚持研发和创新，才能在激烈的国际竞争中把握先机、赢得主动。近些年来，中国企业也在不遗余力地加大研发和创新，但是在投入巨额经费和精力的同时，还存在很多不足之处。最值得人们关注的是，很多企业在研发新品时，只看到了科研能力不足、设备及人员团队实力单薄的现实，却忽略了从整体进行布局的战略性思维。因为核心技术及其产品可靠性需要较长的研发过程。这就要求企业能预判市场发展趋势，提前布局新技术的研发和新结构可靠性的试验研究。

很多企业在创新方面缺乏经验，甚至连对手的情况都还没有摸清楚，就让项目仓促上马，难度大幅增加，总周期却少得可怜。这种创新模式，美其名曰快速反应，实际上是领导冲动决策的结果，制定的决策脱离实际，实在是莫大讽刺。这种现象在很多中小型公司的研发部门很普遍，只要老板觉得有利可图，就立即想着去做，完全没有考虑到公司的实际情况。

# 专利不一定非发明创造不可

## 在老产品上改进优化也是创新

说到创新，很多人想到的是在新技术上的重大突破。相比之下，尽管华为每年在研发领域投入近千亿资金，但是华为的创新理念却务实得多。在长期带领华为发展的过程中，任正非对创新的理解逐渐成为一个严谨而务实的体系。

任正非曾说："那种满脑子大创新的人实在是幼稚可笑的，是没有希望的。""什么是最好的科研成果？请看看都江堰几千年后还在流淌，还在孕育川西大地；而两河文明、古罗马的水渠已荡然无存。因此，伟大的发明并不一定稀奇古怪，故弄韵律的歌总唱不长。我举几个小例子，说明世界性的发明创造是怎样产生的。今天来看将细菌杀死，大家不会觉得稀奇，但是人类从十三世纪到十七世纪认识这个问题付出了几千万人的生命代价。人们一开始并不知道生病是由细菌引起的，对生病，特别是鼠疫引起大面积的死亡是毫无办法的。宗教在当时很盛行，于是人们只有寻求宗教的解释方法。当时一个看门人列文虎克，将玻璃瓶底不断地磨，磨成了透镜，通过小镜片叠加，看到水里有小动物在动，人类第一次发现了细菌，但并不知道它有什么意义，只认为是一种小动物。……所以，任何一个发明不是你转了多少个弯，搞了多少标新立异，出了多少自我设想的东西，而是对人类社会和对现实生活有意义，才是有用的东西。”

对于员工的个人创新，华为并不提倡孤军奋斗、另辟蹊径，而是鼓励“拿来主义”。研发全新的产品是一项浩大的工程，需要得到公司的大力支持，经过长时间的规划和投入，还是有失败的可能，这显然不是某一个员工可以凭借一己之力办到的。

因此，华为更喜欢鼓励员工在已有的基础上进行改良。“华为公司拥有的资源，你至少要利用到70%以上才算创新。每一个新项目下来，就应当是拼积木，只有最后那一点点才是不一样的，大多数基础都是一样的。由于一些人不共享资源地创新，导致我们很多产品进行了大量的重复劳动，根本就不能按期投产，而且投产以后不稳定。”

在任正非看来，创新并不一定意味着从无到有，在老产品上改进和优化同样也是创新。任正非为此举了个例子：一件老产品，99.99%的部分都是好的，剩下的0.01%有缺陷，这时把产品完全否定，推倒重来，未必是最好的解决方案，相反，解决有缺陷的0.01%，才是真正的高水平。因为对老产品的改进一方面需要对老产品了解透彻，另一方面还要对市场有着敏锐的嗅觉，从技术上来说，并不比重建新产品更容易。另外，改良性的创新还可以避免重复投入，可以为公司节省大量的费用。

### 购买专利是无奈的选择，也是不错的选择

在有关专利的问题上，华为很有发言权。2003年与思科的那场著名的专利纠纷，给华为留下了深刻的印象，尽管官司最后以和解告终，但是华为仍然没有放松警惕。2006年，一位华为员工在内刊《华为人》上发表了一篇文章，用犀利的言辞指出：“经过18年的艰苦奋斗，迄今为止，华为

没有一项原创性的产品发明。”

这篇文章揭示了华为在专利方面的尴尬之处，“对于我们所缺少的核心技术，华为只是通过购买的方式和支付专利许可费的方式，实现了产品的国际市场的市场准入，并在竞争的市场上逐步求得生存。这比自己绕开这些专利采取其他方法实现，成本要低得多”，这也是中国很多企业的缩影。尽管中国经济已经有了长足的发展，也对研发日益重视，但是与国外竞争对手几十年甚至上百年的积累相比还存在很大差距。在这种情况下，购买专利就成了无奈中的选择，但也是一个不错的选择。

从其他公司购买专利，可以替华为省下大量的研发费用，进而将有限的研发经费集中在更重要的领域内，以便获得更好的研发回报。华为曾经向某外国公司购买了一项专利技术，与华为现有的技术相结合，很快就做出了一款更好的应用，华为将其应用在拉美最大的固定运营商Telemar的某光纤系统上，实现了市场突破性应用。在这项专利的帮助下，华为将自己的产品打造成全球领先的产品，市场份额占据第一，在功能、性能上实现了对竞争对手的超越。

事实证明，购买专利为华为在国际上的竞争赢得了充分的时间。

另外，购买专利也帮助华为实现了与西方公司的和平相处。长久以来，西方国家对于中国企业的印象是技术落后、不讲规则，习惯了用有色眼镜看待中国企业，但是华为用诚恳的态度打破了这种固有印象，树立起了良好的口碑。

经过十多年的发展，华为已经在研发领域有了长足的发展，但是在核心技术层面，仍然要受制于人。因此，华为将会继续从其他公司购买专利，同时也向其他公司出售专利，保持你中有我、我中有你的合作关系。

▶▶华为启示录▶

虽然中国的经济已经有了长足的进步，但是我们必须承认，在一些核心技术领域内，国外厂商依然领先了许多，这种巨大的差距是历史形成的。一方面，由于发达国家创新机制的支持，普及了创新的社会化，技术获取相对容易；另一方面，当我们还在创始的起步阶段时，国外有些专利就已经领先很多。

华为的科研实力在中国企业的队伍里是数一数二的，即便如此，也要向国外企业支付大量的专利费用。就以手机为例，华为手机使用的是自主研发的麒麟处理器，却要向高通支付专利费用，这是为什么呢？其实很简单，因为国内在互联网科技方面发展起步较晚，而高通在2G和3G通信方面拥有大量的技术专利，因此任何一台支持2G和3G的智能手机都必须向高通支付数额不等的专利费用，这也是高通在智能手机领域地位如此之高的原因。

# 第十五章

## 开放式创新，掌握核“芯”科技

## 掌握核心科技，才能不受制于人

### 必须将核心科技握在手中

现实告诉我们，核心科技是企业的命脉，只有把关键的核心技术牢牢掌握在手中，才能从根本上保障企业的安全。正所谓“人无远虑，必有近忧”，做企业更是如此。美国政府只用了一纸禁令，就让中兴陷入瘫痪状态，更是从现实的角度给中国人好好地上了一课。

企业只有拥有核心技术，才能构筑起属于自己的“护城河”。技术出身的任正非对这个道理非常清楚，因此他始终都很重视对研发的投入。1991年，打造华为集成电路设计中心；2004年，成立海思半导体有限公司，并且在北京、上海、美国硅谷等地都设有设计分部。

目前，华为的业务主要集中在通信领域，无论是交换机还是手机，都与电信设备有关，而通信领域又是一个资金和技术密集的领域，信奉的是专利至上，拥有核心科技才是王道。因此，在创业早期，任正非就提出了一项建议，把公司每年销售收入的10%投入研发领域。这个建议得到了大家的一致赞同，并且一直保持了下来。进入21世纪以后，华为的规模在不断扩大，同时也在逐年加大研发投入。2009年，华为的研发投入为133亿元；2018年，这一数字变成了1015亿元，研发费用排名全球第四，超过了微软、苹果和英特尔。

在连续多年的高额投入下，华为的研发实力迅速提升，逐渐拥有了一些属于自己的核心专利，例如海思半导体设计开发的麒麟芯片，使得华为成为世界上少有的能够自主研发芯片的手机厂商；巴龙芯片的出现，使华为实现了5G通话，领跑5G领域。这些都是华为研发实力的表现。

### 基础研究是产业振兴的根本

除了技术研究以外，华为还很重视基础研究。华为董事长、轮值CEO徐直军曾说，华为的研发投入主要分为两部分：一部分是支撑产品开发的投入，基于客户需求提供产品及解决方案；一部分是研究与创新投入，即对未来的投资，这部分2016年的投入占到整体研发投入的17%左右。

任正非在接受记者采访时，不止一次地提起基础研究和基础教育的重要性，在Fellow及部分欧研所座谈会上，任正非说："只要我们踏踏实实在基础研究上前进，在一个比较窄的方向上突破，就有可能博弈。我们已经有近8万项专利获得授权，许多还是基本专利、核心专利，这对人类是一个贡献，当然对美国的信息社会也是一个贡献。高科技不是基本建设，砸钱就能成功，要从基础教育抓起，需要一段漫长的时间，我们公司也是急不得的。"

2018年7月31日，华为邀请5G极化码（Polar码）发现者、土耳其教授Erdal Arikan来到深圳总部，向其郑重颁发特别奖项。在颁奖仪式上，任正非亲自接过奖牌，将其送到Arikan教授手上，致敬其为人类通信事业发展所做出的突出贡献。此外，华为还表彰了百余名科学家和工程师，感谢他们在标准与基础研究领域做出的贡献。这次颁奖仪式，体现出华为对于基础研究领域的重视，以及对基础研究工作者的尊敬。

多年的职业生涯，让任正非对企业兴衰有了更多的感悟，他清楚地认识到，欧美发达国家的工业水平之所以能够长期保持强大，最重要的因素就是重视基础研究，如果没有基础研究，产业就会被架空，也就谈不上发展科技了。所以华为才会如此重视基础研究，并且长期坚持巨额投入。

2019年3月16日，世界知识产权组织（WIPO）对外宣布：华为在2018年一共向WIPO提交了5405项专利申请，其中90%以上为发明型专利，处于国际领先。位列第二的是三菱电气，共提交了2812项专利申请。英特尔排名第三，有2499项专利申请。此外，中兴和京东方提交的专利数量也挤进了前十名。2019年7月9日，中国知识产权局公布了2019年上半年主要工作统计数据及有关情况。其中在发明专利授权量方面，华为名列国内（不含港澳台）第一。如今的华为，在中国企业里几乎已经成为自主研发的代名词了，数千亿的研发投入堪称大手笔，也让人们看到了华为进军核心科技的决心。

**▶▶华为启示录▶**

对于企业来说，知识产权意义重大，尤其是核心技术的知识产权，它们往往能够决定企业的发展前景。

过去，中国企业对核心技术的认识不足，知识产权意识非常薄弱，因此只能从事低技术含量的产品加工，赚到的利润很少，甚至有“八亿件衬衫换一架波音飞机”的说法。随着改革开放的深化，中国经济的规模在不断扩大，此时人们才意识到知识产权的重要性。未能掌握核心技术，就会在知识产权方面受制于人。

从历史的发展进程来看，知识产权制度对于先进国家的进步起到了十分重要的作用，它保护了创新者的利益，让更多人愿意投入创新，从而促进社会的发展。实践表明，从工业革命时期的英国，到后来的西欧各国，再到二战后的日本、韩国等，凡是发展起来的国家，都会自觉地加入保护知识产权的阵营中，无一例外。现在，中国走过了最初的原始积累阶段，开始向自主研发的道路前进，因此也开始重视保护知识产权，希望用这种方式能在更多的方面拥有属于自己的核心科技，不再受制于人。

# 开放式创新带来更丰硕的成果

## 开放式创新的起源和运作方式

过去，企业创新严重依赖自身的积累，能够进行创新和研发的只有大型企业，只有他们才有足够的实力，小公司只能沦为配角。在这样的社会环境下，创新的效率很低，技术转化为实用工具的能力也很低。

开放式创新的概念是由哈佛商学院企业学教授亨利·切萨布鲁夫（Henry Chesbrough）提出的，他认为企业在创新过程中应该改变原有的机械思维方式，而将内外资源有机地结合在一起，成为一个成熟的创新系统，这个系统使得企业能够通过技术许可，从外部获得企业需要的技术成果，从而使得技术更新的速度越来越快。

开放式创新就是要学习一切可以学习的对象，不仅仅是竞争对手的先进技术，还有学术界前沿的理论成果，甚至普通网民的一个想法，都可能具有学习的价值。在开放式创新模式中，企业不仅从内部获取创新资源，也会从合作伙伴甚至是竞争对手那里获得，使得创新建立在更加广泛的技术基础之上。另外，消费者或用户本身也是一个巨大的创新资源宝库，越来越多的企业通过信息技术将顾客集成到创新过程，使顾客由一个纯粹的消费者角色转变为一个合作生产者，从而帮助企业在产品或服务推出之前就可以完全了解顾客的需要，最大限度完善最终产品。

开放式创新可以减少企业的研发成本，使得任何有意向进行创新的企业获得创新资源的成本逐步降低，最后形成一个创新的网络，而在这个创新网络上，企业和大学、科学研究所等学术机构形成了紧密的合作关系，双方各取所需，都能获得良好的发展。开放式创新小企业也有了更多的机会进行研发和创新，同时也使得大企业在创新成本上的优势逐渐缩小，于是很多大企业也开始考虑用外部的创新资源开发产品，而那些长期被搁置、没有产生经济效益的成果，就会被出售给第三方或者吸引风投机构成立新的公司。

## 开放式创新是华为未来的方向

华为的创新模式经过了长时间的发展，才演变成今天的模式。在2011年之前，华为采用的还是封闭式创新模式，主要依靠自主研发，在技术上追赶国际领先的企业，在营销上走差异化路线，从而形成自己的优势。任正非曾形象地比喻道："爱立信就是茫茫大海中的航标灯，灯关了，华为就不知道该去哪儿了。"但是从2011年之后，华为逐渐成为行业领先者，面临着更大的创新挑战。

2016年5月30日，全国科技创新大会上，任正非在汇报发言中称："华为现在的水平尚停留在工程数学、物理算法等工程科学的创新层面，尚未真正进入基础理论研究。随着逐步逼近香农定理、摩尔定律的极限，面对大流量、低延时的理论还未创造出来，华为已感到前途茫茫，找不到方向。""重大创新是无人区的生存法则，没有理论突破，没有技术突破，没有大量的技术累积，是不可能产生爆发性创新的。"

华为是一家只有三十多年历史的企业，一直以来华为给自己的定位都是追赶者，以往接触的都是工程科学方面的创新，是对先进企业的模仿，从未在基础研究领域有过投入。然而现在华为已经走到行业顶尖了，到了需要华为自主创新的阶段了，华为这才发现，以往的封闭式创新已经不再适用了。

因此，华为的研发和创新来到了第二阶段：团结一切力量的开放式创新。华为向5G极化码（Polar码）发现者、土耳其教授Erdal Arikan颁发奖项，就是华为走开放式创新之路的一个表现。

**▶▶华为启示录▶**

作为中国科技的领军企业，华为在创新与研发上的态度是非常值得学习的，当实力不如对手时，华为投入重金用于研发和创新领域；当实力超过对手以后，华为没有刀枪入库，马放南山，而是加大投入，继续研发。

华为采用的开放式创新，是一种崭新的创新模式，对于渴望自主创新的中国企业具有强大的吸引力。华为作为国内通信产业的领导者，能够与国际一流的通信企业进行开放式创新的交流与互动，主要以有效的商业模式作为支撑。应该说明的是，华为成功的因素是多方面的，而关键在于其把握住了第三次科技革命和我国改革开放带来的技术转移机遇。如今，全球高技术产业格局进入大变革、大调整时代，全球高技术产业分工格局的调整有利于承接新一轮科技和产业革命技术成果的转移。发达国家在继续将制造环节向发展中国家转移的同时，创新研发、营销等高端环节的向外转移也在同步进行。因此，中国企业若想实现对知识的有效管理，立足于开放式创新的环境、把握知识获取的机遇是重中之重。

# 有效利用全球资源的创新理念

### 利用全球资源实现创新

华为提倡通过开放式创新来提高创新效率，而开放式创新就意味着合作，也意味着对全球资源的有效利用，因此华为创新的一大特点就是资源共享。

实际上，华为公司早就埋下了资源共享的种子。作为一家科技企业，华为的主要从业领域是通信领域，而通信产业又一直被人称为“富商俱乐部”，这意味着如果华为不能掌握一定的专利和核心技术，它就无法和西方公司直接展开竞争。

华为在多个国家和地区建立了数十个研发中心，并且与世界多所大学开办合作项目。例如，俄罗斯是世界上诞生数学家最多的地方之一，因此华为在俄罗斯专门设立了以算法为主要研究方向的研发中心；法国巴黎是世界浪漫之都，因此华为在巴黎专门成立一所美学研究中心，并从奢侈品、汽车、3D设计等不同领域挖来了多位知名设计师，他们的研究成果将会应用在华为未来的智能手机和其他智能终端上；在日本，华为设立小型化设计和质量控制研究中心；在印度，华为设立了以软件为主要研究方向的研究中心；在美国，华为以射频、操作系统、芯片为主要研究方向……

这些来自全球各地的优秀资源，让华为实现了快速成长，因此我们才可以看到，华为消费者业务只用了短短几年时间，就迅速成长为华为三大业务之一，并且贡献了几乎一半的销售收入。

**经验共享也应当得到重视**

除了利用全球资源以外，华为也很重视经验共享。

为了说明经验共享的重要性，任正非给大家说了一个故事。有一家生产汽车零件的日本企业，以前产品的合格率是100%，后来被免检验收，不合格率却变成了100%。检查以后才发现，不合格的原因是零件上有一个毛刺。以前，品质管理的某名老员工自己买了一把锉刀，每次都把毛刺锉掉，零件合格后，产品才发货，但他没有把这件事交代给他人。在他退休以后，因为没有人锉掉毛刺，所以零件的不合格率就成了100%。

这是一个典型的不共享经验的案例。任正非要求华为的所有员工都要具有经验共享的思维，把自己的经验或教训以规范的文档分享给别人。任正非还主张各个部门要相互开放，充分听取对方的经验，避免浪费资源。

在向全球扩张的过程中，华为也逐步培养了协同利用全球经验的能力，从而提高了弱势部门的工作效率。一方面，华为充分利用了中国制造业的成本优势和规模效应；另一方面，当华为在海外积累到一定经验时，也能把国外的优势转移到本国市场。

**▶▶华为启示录▶**

2018年5月28日，两院院士大会召开，中国工程院为2017年新当选的外籍院士颁发证书。随后，国家主席习近平发表讲话，指出要坚持以全球视野谋划和推动科技创新，全方位加强国际科技创新合作，积极主动融入全球科技创新网络。而在此之前，微软公司前董事长比尔·盖茨、英国皇家工程院院长安道琳、麻省理工学院校长雷欧·拉斐尔·莱夫等外籍人士，相继加入中国工程院外籍院士队伍，他们都是对我国科技界做出过特殊贡献的人士。与此同时，也有越来越多的中国科学家走向世界科技的舞台，为国际科学事业做出贡献。

随着经济全球化的不断推进，利用全球资源已经是推进创新的重要动力了，华为把握住了这个趋势，并且有效地利用全球资源，实现了与合作伙伴的共同进步，这是双赢的局面。通过国际科技创新合作，不仅可以促进国际间科技创新资源的互补共享，更好地整合优化全球科技资源和要素，还可以充分利用各国的比较优势，降低科技创新的成本和风险，提高创新效率和水平。从主流来看，世界各国的科技创新高地，往往也是国际创新资源集聚、学术交流活跃的地方。

附录
APPENDIX

# 任正非主要讲话时间表

1994年《赴美考察散记》

1996年《再论反骄破满，在思想上艰苦奋斗》

1998年《华为的红旗到底能打多久》

1998年《要从必然王国，走向自由王国》

1998年《走出混沌》

1999年《能工巧匠是我们企业的宝贵财富》

2000年《创新是华为发展的不竭动力》

2000年《活下去，是企业的硬道理》

2001年《北国之春》

2001年《华为的冬天》

2002年《公司的发展重心要放在满足客户当前的需求上》

2002年《以绩效为中心，以结果为导向，努力提高人均效益》

2003年《在理性与平实中存活》

2005年《关于人力资源管理变革的指导意见》

2007年《关于近期公司人力资源变革的情况通告》

2007年《任正非在上海研究所的讲话》

2008年《任正非与肯尼亚代表处员工座谈纪要》

2008年《任正非在PSST体系干部大会上的讲话》

2008年《任正非在市场部年中大会上的讲话纪要》

2008年《逐步加深理解“以客户为中心，以奋斗者为本”的企业文化》

2009年《让听到炮声的人呼唤炮火》

2011年《一江春水向东流》

2013年《任正非在2013年3月29日EMT办公例会上的讲话》

2015年《大道至简：分层分级授权》

2016年《巴塞罗那通信展谈话》

2017年《管住边界，简化考核，重塑共同的奋斗精神》

2018年《励精图治，十年振兴》

· 戚风 ·

资深传媒人，经管励志类畅销书作家，策划和出版过《麦肯锡商务沟通与文案写作》《深度管理21法则》等畅销书。他的作品立足于实际，用最朴实的语言，深入浅出地介绍了当前最为流行的理论和观点，有很强的亲和力与说服力。


华为经营法：任正非的企业经营哲学

责任编辑：蒋丽华　　见习编辑：闫毓燕
装帧设计：尧丽设计　　策　　划：花　火　曾柯杰

微信公众号：阅读醉时光